唯有乡如故

严曼华

湘潭大学出版社

序一：流淌着乡村质朴的情趣和诗意

舒新宇

记得一年前编辑刊物时，我们想开一个美食栏目，却苦于找不到适合的稿子，正当要放弃时，偶然在网上发现一篇写溆浦葛面的作品，文笔清新，活泼俏皮，把一碗平平常常的葛面写得美味咂舌，妙趣横生，洋溢着质朴的童趣和诗意，我当场朗读一遍，同仁们拍案叫绝。我建议马上找到作者，为其个人开一个美食专栏，请他把当地的美食小吃一个一个地写下去。可连续几天都查不到何人所写，只知来自“知味小斋”公众号，失望之时，一个偶然，才知是我们认识的湘大女生严曼华，真是意外的惊喜！我怕同名，当即打电话证实，电话那头，严曼华嘻嘻一笑，羞涩地承认是她。一个“五四”装的女学生即刻闪现在眼前。

第一次看到严曼华，是从她的高中毕业照上，一个清秀小巧、稚嫩青涩的小女孩，身着天蓝色的宽袖满襟衣，配着黑色裙子，俨然一个标准的“五四”女学生的模样。高考之后她到编辑部来拿刊物，显得分外矜持羞涩，自始至终勾着头，我问一句她答一句，没有主动多说一句话，甚至都没有敢正眼看我。没想到进了湘大，她 qq 空间里发表的原创诗词、散文、小说仿如井喷，一发不可收拾，如同疯了一般。

人们常说人生有诗和远方，在严曼华的心中，诗和远方就在身边，就在眼前，就在逝去的童年时光里，就在故乡的山村里，那里的一事一人，一草一木，一花一叶，一只花狗，一场春雨，一场秋风，一栋木屋，一座小山，一条小溪，一个场景，一个画面，都能触动她少女纤细敏感的内心，继而飘出一缕缕空灵的诗意。她的小说和散文几乎都是从童年的故乡里开出一朵朵细细而烂漫的花来，飘着淡淡的清香。

她的小说像是一片小小草地般郁郁葱葱。在她的小说里，看不到一个完整的故事，甚至连起码的故事情节都没有，但字里行间闪动着露水般少女的灵秀、轻巧，浸透着一股独有的情绪和温柔的感伤。绽放在字里行间的文学花朵都闪耀着诗意的春光。小说《南国春》，写一个叫三姑娘的小女孩早晨去河边洗衣衫，碰上九姨和安哥，就这么平淡无奇、司空见惯的日常生活，但严曼华却把三姑娘这个小女孩的心态、情态写得细致入微，跃然纸上，读来饶有兴味。沈从文说他写翠翠，是贴着翠翠的心去写的，而严曼华也许是贴着她自身少女的心态和情态去写的吧。

一个小说的好坏，不是故事的完整性，最重要的是气息和味道。严曼华的小说基本上没有一个情节传奇得吸引人的故事，严格地说就是散文化的小说，诗化的小说，她用诗一样的语言娓娓道来，就写那么一个人物、一种情感、一种情绪、一个场景、一个画面，通过一个个自然平实的细节，写出了自己的气息和味道。这种气息和味道与孙犁、汪曾祺有一点相似，但更具萧红的风格底色。

严曼华在文字的阡陌上，能从露水出发，重返故乡小路，聆听故乡夜雨，梳理乡梓味道，对故乡亲情依恋追忆，书写行走感受之美、自然造化之美、乡愁怀伤之美。她的散文，“落笔时，文字都仿佛带了雨的水汽，湿漉漉，水灵灵的。”“一场看似简单的雨，变着花样谱出一阙又一阙不同的曲调，你不得不承认，雨确实够灵动聪颖。”“时近五月，空气中弥漫着淡淡的忧愁。”“风里还有一股恰当的柔”。在严曼华看来，“月光，星子，小虫，也许就是为了成全我，一个天地都变了。”

有人说过，谁理解了童年，就是理解了生命。谁读懂了童年，就是读懂了生命，读懂了哲学。老子说过：“圣人皆孩子。”在老子的哲学中，儿童有着崇高的地位，儿童是自然之道与精诚之至的化身和象征。儿童是生命的开始，如朝阳初升，一切皆是新景，一切皆有可能。久远的童年记忆，往往拥有温暖而强劲的力量，能够长久不衰地体贴灵魂、拨动心弦，触碰到我们情感深处最柔软最深刻的部位。严曼华的大部分写作，几乎都是缘于童年生活的记忆，甚至她的四篇作品都冠以“童年味”的标题，这也是她的最大乐趣，最为得心应手之作。著名女作家萧红的代表作《呼兰河传》不就全是童年的印象吗！

散文《春风沉醉的黄昏》里的那个心思绵细、多愁善感的少女，无疑就是严曼华的自我写照。

黄昏的风太过缱绻，令人想洒脱都洒脱不起来。这才是三月初，可黄昏却比任何时候都要来得温柔。

……

“头顶的星逐渐移向了西南角，一弯浅白的月有了淡淡的轮廓。她站起身，发现远方已燃起了几盏昏黄的灯，转身向黑暗中走去。没有人发现，月光下，一只透明的酒杯被遗落在了草丛里。”

严曼华就是在故乡月色迷离的草丛里捡起一只被人遗忘的酒杯，独自一口一口慢慢地啜饮，细细地品尝，美美地享受，进而变成从笔端流出的一行行精致的美文诗句。

“一身诗意千寻瀑”，此句用于严曼华也不为过，她的古诗写得极好极妙。如果单看她的古诗，定然认为出自古人之手，要么就是古文深厚的老人之作。读大一时，她参观珠海圆明新园，有感而发，逐成诗作《题圆明新园》，没想到获得中华诗词学会举办的两岸三地大学生古诗词竞赛一等奖。这个奖货真价实，实在是来之不易。最终评奖会场设在华中师范大学，评奖时设计了现场问答环节，可谓刀光剑影，刺刀见红。第一次面对如此大的场面，面对一帮中国诗词界权威组成的评委，年仅 19 岁的严曼华虽然有点怯场，倒也答得落落大方，真挚自然，毕竟是阐述自己的诗词，因她参评的诗词是她内心情感的倾吐，发自内心的感悟，无须迎合评委的口味，更不须花里胡哨，哗众取宠。这次获奖，无疑极大地激发了她诗词创作的激情，一首首古诗词如同一眼丰盈的山泉，源源不断地流出。

“我开始敬慕起这株文竹。谁知道在她这纤柔的外表下，隐藏着多少刚强与不屈！她有少女的情态，更有君子的风骨。她是一首诗，然而她岂止是一首诗呀！她有诗的唯美，也有散文的清韵，更有骈赋议论体的浑厚与大气”。这段出自严曼华散文《文竹》的文字，恰是严曼华本人真实的写照，更是她全部诗文的写照！

“在你身上，我仿佛看到了古代儒生的缩影”。这是严曼华在文中借助一个好友对自己的评价，这也正是我对她的最深切的感受。

2019 年 2 月 21 日

（中国作家协会会员，国家二级作家，湖南省怀化市作家协会副主席）

序二：呆在文字里舒服

何云波

阿城小说《棋王》，写一个“棋呆子”王一生，在那个改天换地、热火朝天的革命时代，却宁愿沉溺于楚河汉界的世界，自得其乐，无意中成了民间“棋王”。王一生有一句著名的话：呆在棋里舒服。

这“呆”其实也可以写成“待”，但总觉得还是“呆”更传神。每个人，在现实的纷纷扰扰之外，都需要一个属于自己的世界。在那里待着，可以思接千载、视通万里，也可以什么都不想，发着“呆”，觉得舒服，就好了。

严曼华本是湘潭大学数学院2015级的学生，学统计学。想来那“统计”一定是很严谨、精细、理性，也很枯燥的吧，然后，她便为自己编织了一个“梦”一般的“文字”的世界，那里随心，怡情，趣味盎然。在一篇名为《我的编辑梦》的文章中，她说自己从小就是一个爱幻想的孩子，可以从小河边捡到的一块石头中去想象它的“前世今生”，然后想着为它“立碑作传”。可是还没等开始，长辈们，那些伟大的现实主义者，把她从“春秋大梦”里拉回了现实。虽然选择了“数字”，但她心心念念的还是文字：“那些闪耀着星星点点生命之光的文字，是我一直追寻并探索着的，我热爱它，如同热爱着我的生命。”

把文字当作了自己的生命，于是，严曼华在专业学习之外，又选择了去校报应聘做编辑，跟文字打交道，“在一个小小的角落里，默默耕耘着属于自己的快乐”。

又据说做编辑需要很深的文字功底，于是，从大一开始，严曼华把很多精力都花在了读课外书上。上课看，下课看，吃饭看，睡觉在梦中也看。余秋雨、林清玄、林海音、老舍、汪曾祺……就这样一路读下来，到大学毕业时，考研，她终于如愿以偿，回归文学，实现了她童年时候就开始了的那个“梦”。

文字有时就是自己的精神家园。在“悦读”的同时，有了表达的冲动，然后，有了属于自己的文字，然后，有了摆在我们面前的这部《唯有乡如故》。

“乡”者，当然首先是故乡。作者在《自序》中说：

多年来，我时常在故乡的山水里跋涉，故乡就像伫立在黄昏水岸边的一道剪影，常常萦绕在我的梦境之中。有时它是一座青山，有时它是一条溪流，有时它又是一张张质朴沧桑的面孔，那些不知人间忧苦的烂漫往事总在某个不经意的瞬间随故乡而来，唤醒我潜藏在记忆里的梦幻王国。

“莫辞山乡风与月”，故乡有着你的童年之梦，也永远是人心里最柔软的那根弦。作者“行吟故土”，写童年之上学、偷李、烤土豆，故乡的野菜、豆腐、竹笋腊肉、打糍粑、青青一碗葛面……这一切，便成了童年的最温馨的记忆。而在“梨花雪”中，“等一树山茶花开”，又仿佛是在故乡的记忆中构筑的一个想象世界，使你不由自主地跟她一起回忆、做梦，或者一起在文学的世界里徜徉。

“乡”，也可以是你精神的故乡，就如湘大之于作者。“且共莲城一树春——知遇莲城”便是作者的一部成长记。曼华同学说，她从小就“野”，爱疯、爱跑、爱做梦，因为这样一份“野”性，与原野中的湘大的相遇，似乎也就成了命中注定。于是，她也就在这片自由与生猛的土地上，像野草一样，铆足了劲往上生长起来。

“乡”，有的时候也在文字里，在他人构筑的世界中。“暂向人间寻百味”，作者在“萧红的寂寞”里尝到了同为知识女性的一份心有戚戚；在“许浑和他的江湖”里，感受到“日暮酒醒人已远，满天风雨下西楼”那样的凄清与怅惘；同时，她也希望自己永远是个孩子，用最干净纯粹的眼光去打量这个世界，于是，她在汪曾祺所构筑起来的文学世界里找到了知音，这是一个朴实、干净、纯粹、有温度的世界，她的一些文字，也明显可看到汪曾祺小说的影子，就像《异秉新编》：

听他这么一说，众人齐齐看向李庸，恰巧此时李庸拿着葱走了过来，众人看他面色蜡黄，衣服油腻，脚底还沾了一圈的泥，也没什么特别的。但他手里那把葱青是青，白是白，干干净净，倒是一点泥渍都没有。

这表达，一看就是“汪氏”风格：干干净净，一点泥渍都没有。严曼华用文字为自己构建了一个唯美的世界。这里有雨巷、原野、秋水、竹林、夹竹桃、梨花雪，有早春花事、冬日海棠、人间清秋……呆在里面舒服，就不想出来了。

父亲曾在“家书”中劝她，希望能现实一点，不要过于理想主义。这好像是我们的“父辈”们共同的“金玉良言”。然后，国人便往往活得现实透顶，连“梦”都觉得奢侈。

其实，我们的人生本身就是由两个世界构成的：现实世界和文字世界。现实是客观存在，文字是对这个世界的书写，是人自我的表达。每个人，或者一个人在人生的不同阶段，“表达”的方式都是不一样的。你可以去“直面惨淡的人生、正视淋漓的鲜血”，也可以用文字做一个“好梦”，或者跟这个世界玩玩游戏，捣一个小小的蛋。“一旦你被现实击倒，你将对你的整个人生都彻底失望”，长辈们如是说。其实，理想主义者回到现实中，未必就一定悲观失望。如果你认清了现实，还能够认真地、好好地活着，你的生活里还有诗，有梦，这才是真正的如苏东坡、汪曾祺一般的达观的人生：

老头儿原本不叫老头儿，这是当地人的叫法。简单、直白，大众。可老头儿说他就喜欢别人这样叫他，“简单，平凡，再合适不过。”

老头儿……最喜欢养花种草，房间里、院落里堆满了大大小小的盆子罐子。大叶菊肥而厚，山丹丹红而艳，秋葵薄而弱，无论什么时候，他家里总是一片青葱可爱的模样。他还喜欢美食，事实上，老头儿还是个不折不扣的美食家。

严曼华在一篇名为《老头儿》的散文里这样写汪曾祺。我想，汪曾祺对她的影响，已经不仅是文字、表达，更是一种生活态度、人生智慧。一个20岁左右的小女孩，在她的文字里，却看不到她同龄人中常见的“青春花事”，而过早地“烟雨平生”。她可以有“病”不呻吟，不感伤，反而称“病”为兄，相濡以沫，然后相约相忘于江湖，这大约就是人生的一种智慧吧！

严曼华用自己的文字，构建了一个属于自己的世界。人活着，总得有所寄托，有个让自己“舒服”的所在。呆在一个美好的世界里，忘怀现实的烦忧，在里面舒服着，暂时不出来，又何妨？这正如周作人讲的“喝茶”：得半日之闲，可抵十年的尘梦。

“唯有乡如故”，严曼华说：像个孩子一样地去爱这个世界，然后，世界处处皆是你的故土。

严曼华写“老头儿今年已经 90 多岁了，可活得还跟个孩童似的，东张张、西望望，对一切新鲜事物感到好奇”。其时，2017 年，老头儿汪曾祺逝世已经 20 年了。一个人肉体的生命走了，却还能活在文字里，东张张、西望望，或者活在他人的记忆中，有滋有味，诗意葱茏……也许，这就是文学的魅力吧！

2019 年 1 月 19 日初稿，2020 年 8 月 6 日修改

（湘潭大学文学与新闻学院教授、博士生导师）

前言：像孩子一样拥抱世界

多年来，我时常在故乡的山水里跋涉，故乡就像伫立在黄昏水岸边的一道剪影，常常萦绕在我的梦境之中。有时它是一座青山，有时它是一条溪流，有时它又是一张张质朴沧桑的面孔，那些不知人间忧苦的烂漫往事总在某个不经意的瞬间随故乡而来，唤醒我潜藏在记忆里的梦幻王国。在一首题为《晨起煮粥》的诗中，我曾写："人间忧与苦，眸底一江秋。"写这首诗的时刻正是我初尝人世艰难的时刻，本该大肆渲染这人生的坎坷复杂，可最终竟也像辛弃疾的"却道天凉好个秋"一样，生出些欲说还休的感慨来。大概在潜意识里，我还是愿意像个孩童一样体味这人世的快乐与美好。

我的童年是极度自由散漫的，它常常充满着各种各样的奇奇怪怪的幻想。在我很小的时候，我就有一个文学梦，那还是启蒙于河边的一堆石头。大概是受电视剧的影响，我总以为很多年前有人从这河边走过，落下了他的一块特殊的石头，以等待有缘人的捡拾。我不停地装，不停地捡，到最后，各种各样的石头竟装了满满一袋子。那时我有一个十分伟大的梦想，将来要给这些石头"立碑作传"——将它们的故事写成一个合集。可是由于各种原因，这一愿景终成空，但捡石头的经历却给我留下了难以磨灭的印记。

同样令人难以忘怀的还有那条河。我的成长地是在一个山明水秀的地方，故而我的整个童年常围绕着山水打转。我幼时常随邻家的孩童去河里翻螃蟹，去河里捉鱼，有时连洗头都在河边。那时河水清澈，河里还有各种各样的鱼。有一种背上长长条斑纹的，我们叫它“阳光鱼”，还有一种大头鱼我们叫它“傻巴鱼”，因为它见人不晓得躲，常常被人捉了去。靠近河岸的地方还有一大片草坪，丽萍家年年喂牛，我们便在傍晚的时候牵着牛去那片草地耍玩。夏天的晚霞绚烂，云朵也多，把整个天空都涂抹得五彩斑斓。黄昏的河岸上还时常飞舞着许多红色的蜻蜓，丽萍说蜻蜓是扇着翅膀飞舞的小仙子，捉到就可以许愿。于是不停地捉，不停地捉，连晚饭也忘了吃，最后还是母亲亲自拿了笤帚一路将我抽回了家。因为晚回家，我小时候没少挨打，有时奶奶顾念我，到吃饭的时候就端着碗一路叫我的名字，喊我回家，那个时候，必是整个村庄里都回荡着奶奶的声音。

我幼时是极其爱往外跑的，用薛姨妈骂薛蟠的那句话来形容就是：“是一头拴不住笼头的马”，在家没一刻呆得住。我常喜欢跟着那些大孩子们去山上，那时也不懂赏览风景什么的，只知道扯笋，找蘑菇，捡柴，都是十分快乐的事。又去田边挖野菜、摸田螺，去河边烤土豆，去山坡上偷人家的李子……我们日常游走在高山之巅，江河之中，对于这小小的人世怀着无比美好的憧憬。

说了这么多，其实就是想说明：我从小就是一个很“野”的人。有看过《湘西剿匪记》的外地朋友常常问我，“你们湘西人身上是不是都带点匪气?”这其实完全误解了湘西的风土人情。湘西民风彪悍倒是不假，因为这里动不动就会相骂，《边城》里翠翠常骂的那句“你个背时砍脑壳的”，我从初读时就觉亲切，至今如此。因我们这边相骂也是这样，动不动就砍脑壳。不过也就是骂骂，骂完后仍旧是和和气气地过日子，没有说是闹到至死方休或者告上法庭的地步。湘西人对待人事皆有一股热情，这热情常如檐壁上挂着的那一串串红彤彤的辣椒，红红火火，热热辣辣的。有人以为它同北边的“豪爽”相去无几，其实并不。豪爽是平原抑或草原才可见的，因那无垠与广袤常让人心怀阔达，叫人生出些英雄气概来，而湘西是山水之地，有山的坚韧与水的秀丽，故而这里的人们身上亦有一股柔情，在待人接物上也知分寸与考量。所以，说这里“野”可以，但“蛮”却绝对没有。

因为这样一份“野”性，与湘大的相遇似乎就是命中注定。记得曾看何云波老师的《湘大人与湘大精神》，里面提到过孟泽教授的关于湘大的一句名言：“这是一片不失野性和宽大的原野，在原野上长出来的花果林木，总是让人感觉到健旺丰沛的草莽气息和生命力，感觉到自由和生猛”，那时读完心中隐隐触动。湘大与我的故乡何其相似，这样自由与生猛的地域，正契合了我爱疯、爱跑、爱做梦的性格。于是在这片广袤的土地上，我扎下根来，也像野草一样铆足了劲往上生长起来。

在大学里，我报名参加了诗社，也加入了报社，从此后，数学院、报社、诗社成了我大学生活的轴心。

学数学的事说起来真是一言难尽，我从来不敢想象自己有朝一日会与数字打交道，在高中所有科目里，我物理最差，其次便是数学。在数学院的日子，常让我有种忝居其列的感觉，好在数学院的老师与同学都对我极好，我自己也有些力争上游的志气，故而学得也总算不是太差。我是真心感谢数学院的收留，数学院是我在湘大的第一个家，让我奇奇怪怪的梦得以在此处扎根发芽。只是雏燕的羽儿丰满了，难免要走出它熟悉的地界，去往心中的远方。故而到大四，当我面临又一个人生抉择时，我毅然选择了自己喜爱的文学作为自己今后的事业方向。

对于文学，我是从小就有一种痴迷。我小时候背唐诗，其实不大懂诗的意思，但就是爱那朗朗上口的旋律。我的第一本诗词选，至今记得封面是蓝色的，下面绘着一丛黄色的芦苇，应是照着“蒹葭”那首诗的意境画的，从此后，但凡说起“蒹葭苍苍”，脑海中浮现的必是那丛黄色芦苇的模样。因着对诗词的喜爱，在大学里，我成为了诗社的一员，从此，春花秋月，山河湖海，都成了诗中的景象。在所有的诗人中，我最喜欢的有三个。一个是王维，因为他的诗中有仙气，是不食人间烟火的淡然与静谧，读来养心。其二是刘禹锡，他的诗中常充沛着一股浩然正气，每每让我精神振奋，神思通达。其三便是苏轼，因他的诗雅俗兼备，有着烟火气的熏燎，读来总觉可亲可爱。但我最爱的一首是许浑的《谢亭送别》，这也是我最爱的学者的谶语。这里面其实还有我自己的一点私心。记得大四刚毕业，我到河东兼职，每日里需乘车一个小时。有日傍晚，天上正落着纷纷扬扬的大雨，当我乘车经过三桥，望见浩浩荡荡的江水上笼罩的雨丝，心中顿生感慨。彼时正经历了人生的离别与生计的愁苦，心境正如“日暮酒醒人已远，满天风雨下西楼”那样的凄清与怅惘，故而对这一句印象极为深刻。

撇开这段经历不谈，我的大学生活充满了爱与欢乐，它亦是像我的童年一样无忧无虑，烂漫天真。在大学里，我结识了一群志同道合的朋友，因为有他们的鼓励与支持，我对文章创作便始终怀有热情。今日的这本小册子，原是作为毕业献礼献给我的母校和这些朋友，只是由于各种原因，一直拖到了如今，所以说，这是一份迟来的毕业礼。这里面的文章，大多都是在校所做，也有在家的习作。其实大一大二的时候，是我创作热情最高的时候，只是碍于文字的青涩与稚嫩，使我不敢将其完全公之于众，故而只敢择其一二以窥当时的心境。在这些文章里，大多都是在写故乡与第二故乡的风物，也有些写人写事的故事。我最喜欢的其实还是那篇《五月》，这仍是依托着故乡的山水完成的。写这篇文章时我已成准研究生，在渐觉有了新的人生起点时不免觉得自己有些老大。女性对于青春与岁月的感知是极其敏感的，在察知自己即将远离青春步入成年人的世界，不免有些惶恐。故而我写了赵老三这个人，她与双双的友谊正是我所期望的能与小朋友一直保持的友谊。双双身上有我童年的投射，赵老三的“我也这么大过呀”也正是我想借此与小朋友说的。

我一直希望自己永远是个孩子，用最干净纯粹的眼光去打量这个世界。因此，在现当代作家里头，我最喜欢汪曾祺。我醉心于汪曾祺所构筑起来的文学世界，因为那像极了我童年时代的梦幻王国。许多人都以为汪曾祺是快乐的，其实恰恰相反，汪曾祺是哀愁的，像一瓣橘子，甜蜜里裹着些许酸涩，只不过他把酸涩咽了下去，把甜蜜留给了读者。他说，“活着真好。我写这些东西，为的就是告诉大家，活着真好。”他是真正懂生活的人，也是真正待人宽厚平等的人。他是常用好奇与憧憬来打量这个世界，因此，他的文章干净，纯粹，有温度，常让人感觉到生活的朴实与快乐。我亦是想成为这样的一个人。

前几年，网络上十分流行这句话：如今你的气质里，藏着你走过的路，读过的书和爱过的人。我如今的性格与志趣，大多还是受了故乡的感化，故乡使我如孩童一样对这个世界充满爱与宽容，我亦是想借此与大家说：像个孩子一样地去爱这个世界，然后，世界处处皆是你的故土。

严曼华

2020 年 6 月 30 日于湘潭大学

目录 CONTENTS

❖ 莫辞山乡风与月——行吟故土

暂向人间寻百味——拾味人间

莫辞山乡风与月——行吟故土

丽萍顺手摘了一朵荷花放在鼻尖嗅嗅，说，『你们知道何仙姑吗？她手里拿的就是荷花。』于是双双也摘了一朵。

五月

（一）

时令转入五月，家家开始耕田插秧。

溪水还是满涨着，桃花瓣儿不浮荡了，但桃树却结了几个细细的青果子。远处，有几声清脆的棒槌声在响荡，夹杂着几句低低的人声。双双专注翻着手底的石头，一不留神，踩到一块滑石，咚一声，摔倒在河里。

于是，她听到妈骂她了："双双，你个疯丫头，又疯什么?"

双双赶紧从水里爬起来，拧拧湿掉的裙子，站在那里吐舌头。

"还不回家换衣服，还疯什么?"

双双于是往家跑，跑之前顺手把一旁的玻璃罐子给带上了。

双双跑得飞快，她的脚穿梭在田埂上，如风一样迅疾。玻璃罐中的水左斜右倾，洒出不少，但里面的两只黄壳小螃蟹兀自悠闲地吐着泡泡。

"你呀你，真是害苦我。"双双听着水声远了，就停下来，盯着手里的罐子看。那两只小螃蟹，躺在罐子里，吐着泡泡，真叫她气不打一处来。双双用力摇晃了几下，等看到那两只螃蟹横着身子四处乱爬了，这才满意了。她蹲下来，从田里掬了几捧水到罐子里，抬头就看见了两个端着盆的妇人往这边来。

四处都是田野，新栽下去的禾苗还没到双双大腿，躲是躲不了了，于是，双双便站起来，朝那俩人喊，“大娘，早!”她原本只叫其中一人。

那两人原本是凑在一起说笑的，被她这么一喊，都往这边看来。双双站在那里，浸了水的红裙子鲜红地贴在身上，头发不梳也不绾，乱糟糟湿漉漉地垂着，倒像一只淋了雨的红公鸡。这一看，两人都笑了。

双双拧了拧头发，一把水洒在地上，也不好意思地笑了。一个人走过来说，“怎么啦，掉河里啦?”又摸摸她，说，“赶紧回去换身衣服，别着凉。”另一个人就说，“这么急着想到江里洗澡啦，还没到六月天呢。”一个人说，“造孽哟，别管她，赶紧回去换衣服。”那个人就说，“瞧把你可怜的，又不是你闺女，难不成你想招她做媳妇?”

双双瞪了她一眼。

双双认得那个人，是嫁过来的新媳妇，邻村赵家的老三。她原本有名字，可大家都叫她老三，叫来叫去就习惯了。这里人人都说她做事麻溜，勤快，心肠好，但双双觉得她也就那张嘴麻溜。双双哼了一声，不欲理她。大娘就又说，“她都这样了，干嘛再笑她呢。”然后又给她拧了拧裙子上的水，让她赶紧回家。双双经过赵老三身边时，悄悄对她做了个鬼脸。而赵老三也像是看到了似的，给她回了个鬼脸。这倒让双双一愣。

双双回来换衣服的时候，越想那个鬼脸越觉不对，这让她想起了第一次见赵老三时的场景。

那是在六月，杨梅刚熟的季节，双双和几个小伙伴去人家家里摘杨梅。他们沿着那棵树爬了好高好高，想着用浓密的绿叶遮住自己，可到底是被赵老三发现了。

她站在树下问，“你们是谁?”

他们就立马都安静了。

耳边传来知了滋滋滋的声音，也有风拂过叶子带起的唰唰声，双双将身子贴在树干上，连呼吸都觉得困难。她看着底下那个黄绿色的影子，想着她从下往上看是看不清什么的，只要他们不出声，不下去，她就不知道是谁。她抬头望了望她的几个伙伴，每个人脸都绷着，只剩下一双双清亮亮的眼珠子在转。

那人等了许久见没人应，就说，“你们再不下来我就喊人了。”双双的心一紧，与几个小伙伴交换了下眼神，其中一个就说，“你别喊，我们下来。”于是磨磨蹭蹭地准备下树。可等到快到底下的时候，其中一个——大庆哥，突地从树下扑去，扑到了底下那人身上。那人还什么都没看清，就被他用塑料袋将头套住了，她挣扎着在地上喊“你们这群小鬼，活短命!”可双双他们却飞快地跑开了，他们一路跑一路听着那人的咒骂，她扯着清脆的嗓子在那里骂，“你们这群短命砍脑壳的，要死，要死。”双双跑了一会儿，见她没追来，只听得她在那里骂下次要在这树上撒点农药药死他们，便忍不住回头看了一眼，那人已经从地上爬起来了，一手扯着塑料袋，一手扶着树在那里骂。那场景，双双每想起一次就笑一次。回来之后，她还把这件事当成笑话在她们小团队里传开了。

他们后来打听到，这个人就是赵老三，专门给人家守杨梅，防小贼的。他们其实也有点害怕，担心赵老三认出他们，去找大人告状，但是等了好几天都没出什么事，他们便去了疑心，仍旧大摇大摆地出来晃荡。

这是好久之前的事了，双双几乎都快要忘了，小时候干的糊涂事那么多，她怎么可能一件一件地都记住呢？但赵老三的到来又勾起了她的回忆。而且现在，双双有点怀疑了，赵老三是否认出，她就是当年偷杨梅中的一个。因为她跟邻里很多人都处得好，除了双双。这又让双双想起了另一件事，那是在去年腊月，赵老三刚嫁过来那段时间发生的，这件事更让双双不安。

（二）

事情是这样。腊月十二那天，双双才跟妈打完糍粑回来，路上便听人说成叔叔讨媳妇了。双双想去看，但妈不让，只让她把糍粑放在簸箕里一摞摞堆好。可双双是忍不住的，她一摞完就赶忙追着大人去成叔叔家里瞧新媳妇了。

到那里的时候，屋子里已经好些人了，大家都围在炭火旁烤火，嗑瓜子，说说笑笑。双双站在那里，看到满屋子被布置得红彤彤亮堂堂的：新买的桌椅被擦得锃亮锃亮，新红的一对龙凤蜡烛也燃着，新地板也都铺着，窗子新，台子新，电视也新，总之一切都新。成叔叔看到双双来了，就给双双抓了一把炒熟的南瓜子，说，“吃吧。”双双用双手捧着，笑着说了句讨喜的话，“成叔叔成婶婶，新婚快乐，百年好合，长长久久，快活一生。”里面的人都笑了。“难为这孩子，一口吉祥话说得这么顺。”成叔叔摸了摸双双的头，朝里面喊，“老三，你出来看看，这孩子多好。”

双双往新房里探了探头，等看到赵老三从房里慢慢出来时，她就整个人都定住了。原来是她！原来他就是成叔叔讨的新媳妇！可是她没比双双大多少呀，就给成叔叔做媳妇了？

赵老三走出来，她似乎有点怯生生的，一双眼没敢乱找，只盯着地。成叔叔笑着拉她过来，说，“看双双这孩子多讨喜。”赵老三抬头看双双，望向双双时也先是一愣，然后似笑非笑地打量她。双双的心一咚，仿佛被一只灌了石头的木桶坠着了。她记起来了，偷杨梅那件事！可是她什么都没说，只是望着双双笑。旁边人都笑着打趣说这媳妇太害羞了，说这样可不行，可赵老三只是微微笑着。双双看她一身红色的袍子松松垮垮地穿在身上，显得不太搭，她太瘦了，整个人像根芦柴棍一样，那衣服撑不大起来。

“成婶婶好！”双双反应过来，便先喊了她。她一愣，继而伸出手去拉双双，说，“是个好孩子。”她的声音清清脆脆的，并不难听，可双双只觉得那是在笑她。她感觉了到赵老三手掌里粗糙的茧子，低头看时，只看到那一只莹碧的镯子在底下晃着，时而撞上双双的手，冰凉一片。

后来很多事她都不记得了，包括赵老三的父母怎么没来，婚礼的一切事宜，他们是怎样拜了堂，喝了酒，双双都不记得了。双双只记得赵老三在没人的时候给她抓了一把糍粑片，然后说，“我认得你”，双双心里一跳，一双眼死死地盯着赵老三，可赵老三只是转过去又给别人发糖了，好像什么事都没有。双双不知道这句话是什么意思，她有点怕，但又不敢问，自那之后，双双心里便落下了毛病。不敢见赵老三，不敢跟她说话，可赵老三却好像很喜欢跟她说话，不过大多时候都是在调侃她。

“哼，她就是在报复。”双双将湿衣服扔进盆里，端着盆气呼呼地走到河边。这赵老三一定是故意的，她如今做了新媳妇这么久，脸也圆润了，身子也圆润了，也不害羞了，能与邻里人打成一片了，但对双双还是那样。

双双记得问过妈，赵老三怎么突然嫁给了成叔叔，可妈只是纠正了应该叫她成婶婶，又说小孩子家家不要管太多，其他的就没再告诉她。双双想，赵老三一定是在图些什么，可图些什么呢？双双实在是想不出来。

双双看到赵老三蹲在石板上洗衣服，她绾了一个中年人的髻，用网兜兜着，上头插了一只木簪，显得有些老气。但她的衣裳是亮丽的，还是像双双第一次看到的那样，黄衣黑裤，外面罩一件淡绿色的薄衫，这使她看起来又有点邻家大女孩的样子。那碧绿色的镯子还是晃呀晃的，双双一看到，就想起了新婚那天她感受到的冰凉，这使她在大日头底下不禁打了阵哆嗦。

“你还站在那儿干嘛？还不把衣服拿过来？”妈看到了双双，又忍不住说她。

这时，她又听见赵老三说话了，“你家双双可能耐着呢，敢抓那么大的螃蟹。”

双双不知道这是在夸她还是在向妈告状，双双看向她的时候，她只是将手中的衣服拧了拧，扔进桶里，然后继续说，“我像她这么大，连只鱼都不敢捉。”

于是妈就说，“她？一天到晚只知道疯。”

双双一撇嘴，把手里的盆往地上一放，又跑了。妈在后面问，“你又跑哪儿去？”

“随便跑哪儿去，就是去疯！”之后，也没再管妈在后头说了什么，只独自走开了。

双双是生气了，她有点气妈说的那句话，明明她也会喂鸡，也会洗衣，也会烧火，也会煮饭，怎么就只会疯了？她也有点气赵老三，她捉不捉螃蟹跟她有什么关系，要她说什么，真是的，管事婆。

穿过田野，跨过小渠，转过屋檐，双双走到了一棵桑树下。她越想越气，这赵老三为什么总是非得跟她对着干？这么多年了，她还记着那事吗？太小气了吧。而且，给她头上套袋子的人也不是她，干嘛总是跟她过不去？她生气地从树上抓了一把桑叶下来在手里反复揉搓，好像那就是赵老三似的。可没过多久，她就倚着桑树打起哈欠来了。真是奇怪，明明才吃完早饭没多久，怎么又要睡了呢？可是她是真的好困，眼皮一个劲儿地往下垂，双双晃了晃脑袋，还是觉得头沉沉的。终于，她抬头望望树上挂着的那根绳网，迷迷瞪瞪地爬进去睡了。

（三）

摇摇晃晃的，双双觉得自己好像在一只小木船上，是她们幼时去采莲蓬的那只小木船。那只小木船原本是大庆哥家的，只是破了很多地方，下不了水。大庆哥以前天天拿那个吹嘘，可谁都没见过，这直到有一天他们捉迷藏时发现了一堆破板子，拿去给大庆哥的爷爷看，让他修船，这才见到了那只小木船。

那只小船，尖尖的头，尖尖的尾，里面挖很空，可以坐三四个人。那时候，双双总觉得它像一只削尖了的葫芦。大庆哥爷爷把木板拿来照着破洞比了比，说，“大概是可行的吧。”他们欢呼雀跃，三四天后，那只小船就修好了。

大庆哥的爷爷说要带她们去采莲蓬，双双那天就故意穿了一条绿裙子。她想的是，要是在荷塘里捉迷藏，她穿着绿裙子，他们就找不到她。

那是双双第一次坐船，双双记得她的右脚刚踏上船板，小木船就摇晃起来，双双跟着摇晃半天，吓得赶紧又把脚收了回去，最后，还是大庆哥的爷爷把她抱上了船。大庆哥嘲笑她胆小，还要人抱，双双不理他，只是用手紧紧抓住船舷。

船开了，大庆哥爷爷在前面划桨，他们就在后面唱，“让我们荡起双桨，小船儿推开波浪……”船身晃晃悠悠，晃晃悠悠，驶向荷塘，双双坐在船上有点头晕，她抬头，看到整个天都是晃晃悠悠的，于是双双大声地唱，“小船儿轻轻飘荡在水中，迎面吹来了凉爽的风……”唱着唱着，头好像就没那么晕了。

船靠近荷叶群了，大庆哥爷爷在前面说，“小心荷叶梗子扎到你们咧。”于是他们就都停了歌，警惕起来。

荷叶出水很高，高出了双双不知多少，双双觉得，自己站起来恐怕都没有荷叶那么高。那一片片墨绿的，青绿的，黄绿的，淡绿的，大的小的圆的不圆的叶子全遮在她头顶上，把日头都给她挡住了，只是那些荷梗时不时与她擦身而过，轻轻扎了她几下，弄得她手也痒痒的，脸也痒痒的。

丽萍顺手摘了一朵荷花放在鼻尖嗅嗅，说，“你们知道何仙姑吗？她手里拿的就是荷花。”于是双双也摘了一朵。

那一朵荷花其实还没开全，半粉半白的，张着一半的瓣子就睡了。双双往里望了望，那个莲蓬还是小小的，里面生着十多个小孔，但莲子还没长出来，只在旁边生着一圈淡黄色的花须。她刚摘下，就看到一片荷瓣落进了水里，她想伸手去捞，却被大庆哥叫住了。他在双双手背上拍了一掌，说，“你想死啊，小心掉下去淹死你。”于是双双不敢了，忙收回手，乖乖在船上坐好，只眼看着那一只粉色小船样的花瓣越飘越远。后来，她听见大庆哥爷爷在前面说，“荷花只给你们两个花仙子，大庆，我们爷孙俩摘莲蓬。”大庆哥应一身好，待船稳了，就站起来摘莲蓬。

双双也站起来，说，“我帮你摘。”大庆哥冷哼一声说，“你们小姑娘懂什么，就知道好看，这莲蓬可是莲花落后才能摘的，你认得吗？”

丽萍不服气了，她也站起来说，“你告诉我们，我们就认得。”

大庆哥吞吐了半天，也说不出什么，就用手比画说，“要这么大的，还要鲜绿鲜绿的，你认得吗？”末了，又问船头的爷爷，“是吧？爷。”

大庆哥爷爷在前头应着，“嗯，是，要大的，鲜绿鲜绿的。”

于是他们就摘莲蓬，摘那些大的，鲜绿鲜绿的。

他们摘了好多莲蓬呀，多得大庆哥连篮子都提不动了。在驶船回去的路上，大庆哥给她们一人剥了一颗莲蓬，说，“尝尝，莲子好吃，清甜的。”

双双尝了一颗，果然清甜清甜的，还有淡淡的香味。双双只吃了几颗，剩下的都兜在裙子里，她想带回去给妈也尝尝。

船驶出了荷叶群，不知是谁说了句，“看，火烧云！”双双回头看时，天边果然通红的一片。天是青的，最远处是绛紫的，青紫的，到近处了才是鲜红通红的一片。那些紫的青的红的全落在水里，像是颜料落在水里，明晃晃，亮晶晶，鲜艳艳的。而荷塘上面，片片荷叶映向天空，于是绿色又染上了红色，最后，那颜色都让人叫不出来是什么了。那一大片绿，一大片红，从那么远的地方迫近，迫近，近到双双的脸上来，让双双都失了言语。

双双的心仿佛被什么东西击了一下，这东西仿佛是从很远的地方过来的，而后用力地狠狠地一击，双双听着那声音一直在心底回响。双双望着那片火烧云，连自己在哪儿都忘了。她听见丽萍问，“火烧云是什么?”又听见大庆哥说，“连火烧云是什么都不知道，真没见识。”

“谁没见识了？火烧云，不就是火把云烧起来了吗?”双双听见丽萍在嚷。然后又听见她问，“是吧？爷?”

“呵呵，对，就是这样，就是火把云烧起来了。”双双听见大庆哥爷爷哈哈笑了一声，这样说。

而后，双双感觉身子在摇晃，又听见大庆哥说，“爷，你怎么总向着她们？火烧云哪里是这样?”又听见大庆哥爷爷急切的声音：“哎，哎，你坐好，站起来做什么——”

然后咚一声，船翻了，她们都栽到水里去了。

那天，双双自然是没能把那一兜莲子带回家，反而滚了一身泥回去。大庆哥爷爷送她回去的时候跟妈说了好多话，解释一通，又说了好几句抱歉，又送了好几颗捡回来的莲蓬，这才走了。大庆哥爷爷走后，双双还是挨骂了，不过双双没怎么在意，她只是觉得那莲子好清甜，她多吃了好几碗饭。

双双在梦里笑了，她梦到自己兜了一兜的莲子回去，说，“妈，看，这么多莲子，看你还说我疯不疯。”然后又梦到了那片火烧云，那片池塘，那首荡桨歌，还有“咚”的那一声——

双双醒了，她有点不满意，都怪大庆哥，说就说，站起来做什么呀，害得他们都掉水里了。双双睁开眼，看到头顶一片绿莹莹的桑树叶子，还有点点日头落进来，落在她脸上，把她脸晒得滚烫。双双又觉得身上痒痒的，起身看时，一堆竹叶子落在她怀里了。风还在吹，摇着她的绳网，也把大把的竹叶子往她怀里送。双双抬头看了看眼前那片竹林，揉了揉酸腻腻的眼，舒适地打了个哈欠，觉得心满意足。

双双从树上摘了一把桑葚，吃了一颗，酸酸的味道立马就让她清醒过来了。她一边歪在树上吃，一边看着身下的绳网，突然感慨起来，“要是大庆哥他们在就好了，那我们就可以去田里打秧鸡了。”因为那个绳网是他和大庆哥还有丽萍几个人一起织的，他们常在这里荡秋千，睡觉，吃桑葚，还商量着打秧鸡。不过，他们从来没打到过一只。

“你要去打秧鸡?”树下突然有人问，把双双吓了一跳。

“谁?”双双问。

“秧鸡是不能打的，它是吃害虫的。”

那人走近了，双双透过树叶子看到了那黄衣黑裤，立马就不高兴了。

（四）

“谁说要去打秧鸡了，才没有呢。”双双从树上跳下去，看到赵老三站在树下，肩上担着一担禾苗，她睁着那双大眼睛望着双双，里面清莹的全是水。双双往她身后望了望，成叔叔也站在那里，担着一担禾苗望着她笑。

双双问了声成叔叔好，又说没想去打秧鸡，说着玩的。成叔叔就说，“秧鸡你可别乱打，我们的庄稼可都得靠它呢。”然后叫赵老三走。赵老三停了会儿，让他先走，等看到男人走了，就凑过来悄悄对双双说，“不过，你要去打秧鸡也可以，我可以带你去，我很会打秧鸡的。”

双双一怔，看着眼前赵老三那双清莹的大眼眨了眨，不知道她是什么意思。“谁，谁，谁要去打秧鸡了。”双双不承认。赵老三也不管她，只换了只肩担那担禾苗，说，“我们先去插秧了，你自己好好玩。”于是又担着禾苗走了。双双看着那黄绿的背影越来越远，是越来越糊涂了。这赵老三，到底是什么意思。她又看到那一路洒成一条线的水，心里忽然觉得伤感起来。要是以往，丽萍和大庆哥早带她去打秧鸡了，可现在，她一个人孤零零的，真是无聊。

原本以为赵老三那句话是开玩笑的，可一天下午赵老三突然来双双家里，说要带双双出去玩。

“你想不想去打秧鸡？”趁妈不在的时候，赵老三偷偷问她。

双双心里一噔，没好气地说，“你不是说不能打秧鸡吗？那是专吃害虫的。”双双学着赵老三的口气说。

赵老三扑哧一声笑了，说，“那是骗你成叔叔的，不然，你哪里去得到田里，半路就给人抓回来了。”她用手在双双眉心点了一下，说，“你这小鬼，想什么我还不知道吗？”

双双一愣，她什么时候和赵老三这么好了？她有点受不了这亲昵的动作，就离远了说，“谁知道你是不是骗我呢？你经常说我，保不定这次等我回来又要向我妈告状呢。”

“谁骗你谁是小狗，看，我把东西都带来了。”她把自己身上的背篓拿来给双双看，里面全是一些稻草和稻谷。“我们现在去把窝给做好，撒上稻谷，等晚上再去捉秧鸡。”

“秧鸡是这么打的？”

“不然怎么打？”

“用弹弓，用竹条，不然怎么打得到？”

“傻子，你这样哪里打得到，它们早被你吓跑了。”

双双有点心动了。“你保证不跟我妈讲？”

赵老三伸出三个手指头做了个发誓的动作，说，“我保证。”

于是双双跟着赵老三出去打秧鸡了，出门时两人都只说出去玩。

她们到了一片水田里，这时候秧苗都已经全栽下去了，全是绿油油的一片。几天不见，那些禾苗已经长到双双膝盖那里了，长势真是喜人。她们选了一片长得最高最密的稻田，看了看四周没人，于是就蹲下来铺稻草。

双双看着赵老三从背篓里掏出一束稻草，很快地绾了结做了个窝样的形状，然后脱了鞋下到田里。“你就先别下来了，水里有蚂蟥。”她这样说。

双双看着那个黄绿的身影穿梭在稻田里，有点惊讶，她以前是经常干这事儿吧？不然哪这么熟。

“你在发什么呆呀？给我抓一把稻子过来。”赵老三唤她。

双双“哦”了一声，忙从背篓里抓了一把稻子给她。赵老三接过，一点一点地撒在稻草上，双双蹲在田埂上看，忍不住问她，“你以前经常干这事吗？”

“是呀，以前经常打秧鸡。”

“原来你也打秧鸡呀。”

“这有什么，我还干过比这更大胆的事呢。”

“什么事？”

“偷杨梅。”赵老三往前划了一段距离，又用稻草做了一个窝。

双双噌一下站起来了，赵老三回头看她，问，“怎么了？”

“没，没什么。”双双又蹲下去了，她心虚地看着她。

“你别怕，我不会说出去的。”

“什么?”双双盯着赵老三问。

“你偷杨梅的事。”

双双低下了头，原来她是知道的，一直都知道。

“你是怎么知道的?”双双问。

“我摔倒站起来那次，你回头看了我一眼。虽然隔得有点远看不太清，可结婚那天看到你我就想起来了。”

“你为什么不说?”

“我为什么说呀?”她反问道，“我也这么大过。”

双双不知道该说什么好了。赵老三又问双双要了一把稻子，双双递给她，又问，“你为什么嫁给成叔叔?”

赵老三沉默了半晌，然后说，“家里穷，我妈把我卖了。”

双双惊愕了，她抬头望着赵老三，见她撒稻子的手一晃一晃的，也不知撒进去没有，然后又听见赵老三说，“那个时候，我还有两个妹妹一个弟弟，上头的姐姐们都饿死了，家里剩我一个大的。我妈说，‘我养不活你们了，你们谁要去好人家的，就托人把你们送走。’刚巧那时候，你成叔叔过来帮我家犁地，听说了，就看中了我，说可以娶我，又给了我妈许多钱，说是彩礼。那个时候我哭着求我妈，说我死都不想嫁。我妈说，‘傻孩子，活着总比死了的好。人生下来就是为活着的，不然我养你这么大做什么呢’。”说着，双双听见她吸了吸鼻子，然后继续道，“我妈说的对，人生下来就是为活着的，我答应了，可我妈总觉得是把我卖了，对我不起，连结婚都不敢过来瞧我一眼。”

“可你也说你妈是把你卖了。”

“我一开始也是这样想的。你成叔叔比我大差不多二十岁，他讨我，谁想着不是卖呢？可是我错了，你成叔叔是个好人。”说到这里，她声音又松快不少，“他不打我，也不骂我，给我吃，给我穿，什么事都和我商量，放心大胆地让我去做，你说，嫁这样的人有什么不好呢？”

双双想了一下，确实，成叔叔为人和善大家是知道的，她嫁过来，应该也不会吃苦头。

赵老三接着又编了几个窝，撒了几把稻谷，然后上来，换了个轻松的表情，说，“好了，我们晚上再过来看吧。”

她们走到了河边，赵老三在水里洗了洗脚，迎面就看到几个人过来了。“老三，又去田里忙呀？”

赵老三点点头笑着说，“是呀，去田里放点水。”她撒谎时脸不红心不跳，甚至连眼皮都没动一下。

等人走了，双双问她，“你为什么撒谎？”

赵老三把鞋子穿好，又把背篓空了空，说，“你不也撒过谎么？”

双双一时语怔。赵老三大踏步走在前面，双双就又问了，“可你也对成叔叔撒谎了，你说他是好人，为什么还对他撒谎？”赵老三脚下一顿，然后又慢慢往前走，她没回答双双的话，只是说，“等晚上我们去抓秧鸡吧，我们在河边见。”

双双不懂了。

（五）

到了晚上，双双说去成叔叔家里玩，妈嘱咐了几句让她早点回家，不要疯跑之类的话，双双都应着。到河边的时候，她看到赵老三早在那里等她了，看到双双过来，就立马过来拉着她往田里走。

她的手还是那样粗糙的，长着厚厚的茧子，双双被她拉着，感觉到阵阵不舒服，可是什么都没说。她听见赵老三在前面兴奋地说，“走，我们赶紧去看看。”

双双问，“这晚上电灯也没有，看得清吗?”

赵老三指指天上的月亮，说，“这月亮大着呢，看得清。”

她们到了田边，赵老三脱下鞋子，让双双看着，然后自己又下田了。田里一阵哗哗声，银白色的月光打在水里，映照出了赵老三稍圆润的模糊的身子。

“有吗?”双双在岸上低声问。

“没有。”那边也是低声回答。

然后又是一阵哗哗声，双双低声问，“有吗?”那边还是低声回答没有。双双泄了气，觉得今晚是捉不到秧鸡了。她说，“要是没有就算了吧，我们还是——”话还没说完，就听见那边一阵扑腾声，还有几声不寻常的叫声，双双立马来了精神，她跑到那边使劲伸长脖子看，月光落在赵老三身上，把她照得亮堂堂的。但她好像并不大顺利，那只秧鸡半个身子被她摁在泥里，她拽住了秧鸡的半只翅膀，可那秧鸡仍是扯着腿往前跑，还溅了好多泥巴在赵老三身上。双双问，“要帮忙吗?”

赵老三说，“不用。”她又往前划了几步，使了几分力道捉住秧鸡的腿，然后一下子把它提起来了。

“哇，厉害。”双双站在岸上又跳又叫。赵老三站在月光下，手里擒着一只秧鸡，昂着头说，“怎样？还可以吧。”双双点了点头。她往赵老三手里看去，那只秧鸡，尾巴短短翘翘的，嘴尖尖长长的，腿细细瘦瘦的，又小又胖。双双兴奋得简直要拍掌，这是她第一次看到一只完整的秧鸡。

那秧鸡有点不服气了，用力挣了挣，可到底是没挣脱，赵老三上了岸，将秧鸡提到双双跟前，让双双摸摸。双双小心翼翼地伸出手去摸，又滑又凉，她又兴奋了，说，“我长这么大，还是第一次摸到秧鸡。”

赵老三说这有什么了不起，以后你也可以捉到秧鸡。

“真的吗？”双双问。

“当然了，我小时候就是先看别人捉秧鸡，看着看着就学会了。”赵老三不知从哪里找来一根稻草将秧鸡的双腿绑在一起，然后提着走在前面。双双望着她那稍圆润的身子，跟在后边问，“那你捉到多少了？”

“嗯，算起来差不多几十只了吧。”

“这么多？”双双简直不敢相信，“那你最后是怎么打算它的？都吃了吗？”

“没，只吃过一次，其余的都放了。”

“放了？”双双更不敢相信了，“为什么要放了？”

“因为放了才有的捉呀！”

“那你为什么捉它呀？”

“好玩呗。”赵老三说得随意。双双看着那只秧鸡，细细的爪子，小小的却胖墩墩的身子，突然不知道该怎么打算它了。

“秧鸡好吃吗？”

“唔，和一般的鸡肉也差不多。”

“那我们也放了吧。”

“什么?”赵老三转过来问她，那只秧鸡被她提在手里晃来晃去。双双看了一眼，又说，“我说，那我们也放了吧。”

“你不反悔?”

双双摇了摇头。

于是赵老三摸了摸她的头，说，“真是好孩子。”然后蹲下来解了稻草，把秧鸡提到田边，说，“那我真的放了哦。”

双双说，“你放吧。”

一阵扑棱声，然后是稻草叶子被划过的声音，一会儿，周围又恢复宁静了。双双望着前面青黑的稻田，说，“你快走吧，下次不要让我捉到了，我捉到了就不放了。”

赵老三又笑了，然后拍拍手说，“那我们去洗洗手洗洗脚吧。”

溪水哗啦啦地响着，赵老三在水里洗了手，也洗了脚，双双站在旁边看。

“你还没回答我为什么撒谎。”双双想起了白天的那个问题，又问赵老三。

“对你成叔叔?”

“是的。”

“那你有对你妈撒过谎吗?”

双双想了想，点了点头。

“那你为什么对你妈撒谎呢?”

双双答不上来，就望着赵老三。

“你成叔叔跟我说，人得学会撒谎。”停了一会儿，她又继续说，“但我不喜欢撒谎。”然后又说，“你知道我为什么喜欢和你在一块儿吗?”

双双想起来了，赵老三总是喜欢说她，于是就问了，“你为什么有时候总说我？”

“因为想你注意我呀，你又从来不主动靠近我。”她在一块草地上坐了下来，让双双也坐下，然后似是叹了口气，道，“我在这里没多少朋友。”

双双惊讶了。“可他们不是说你人好吗？你跟谁都处得来。”

“那不一样。因为你成叔叔说，我得学会顺着别人的话说，这样别人才会喜欢我。”

“这不是骗人么？”

“是骗人呀。我不喜欢骗人，所以就想找你玩。”

“为什么想找我玩？我也撒谎的。”

“傻子，那是不一样的，你不骗我，我也不骗你，我们每次打照面都是的。你想想，是不是这样？”双双认真想了想，确实是这样。

“你会觉得我老吗？”赵老三突然问。

“什么？”

“我是说，我年轻吗？你觉得。”

双双被这个问题问住了，她好像是有点老，好像又不老，赵老三蹲在石板上洗衣服的场景又出现了。于是双双说，“你头发老，衣服不老。”

赵老三愣了愣，等明白过来就笑了。“那我明天把头发剪了。”

“什么？”

“我想跟你做朋友。”

双双瞪大了双眼，和她做朋友？

“而且，很快，我们又有新朋友了。”

“谁？”

“我的宝宝。”

“什么?”赵老三用手摸了摸自己的肚子，低头看时，眼里注满了温柔的月光，“才两个月，你成叔叔说，还不能跟别人说，还得等一个月。你替我保密。”

双双似懂非懂地点了点头，然后也伸出手去摸了摸，但只是觉得温热，没什么不同。然后她又想起什么，问她，“那你怎么还去插秧，捉秧鸡?”

“我闲不住。而且，才两个月嘛，没事。”

“成叔叔都不管你?”

“管呀，我去哪都跟着。不过今晚我说去你家坐坐，不远，一个人可以，说了好久才准。”

“哈，你又撒谎!”

“你不也撒谎了么?”

两人对视一眼，都笑了。

“婶婶。”双双喊。

“什么?”

“我是说，婶婶——”

“你叫我老三吧。”

“老三——”双双望着她，她眼里有什么亮晶晶的东西在闪。“你是个好人。”

赵老三吸了一口气，从草地上站起来，说，“那我们明天再来捉秧鸡吧。”

“什么?”

“我说，那我们明天再来捉秧鸡。你来，我告诉你怎么捉。”

“好。”

二人都站起来了，一高一矮并排站着，望着那片稻田。溪水在她们身后哗啦啦地淌着，穿过两岸稻田，穿过洗衣的青石板，穿过高高低低的大树小树，一路向前。白白的月光落在水面上，像一条柔顺光滑的白缎子。远处，有几声低低的犬吠，人家的灯火渐次熄了，夜，深了。

2019 年 7 月 2 日于湘潭

南国春（其一）

日长闲梦远，南国正芳春。

叮——叮——玉镯相撞，清脆悠扬。细长的胳膊从窗里伸出来，青翠的竹竿从窗这头搭到窗那头，一床被子在阳光下铺开了。

踱着步，从楼台上下来。转红墙，过厅堂，门半掩着，日光疏疏落落打在地上，金黄烂漫。

吱——两扇门都开了。日光从门前拉长，拉到远处的油菜花上，明黄青翠的一片。穿百花衣的孩子正坐在太阳底下给黄狗扪虱，听见门响，忙回头嘻嘻一笑，把放在黄狗身上的手缩了回来。黄狗耷拉着耳朵，睫毛在阳光下轻颤。

姑娘叹了口气，拿了把竹凳出来。“去看水开了没有”，她这样说着，自己则坐在门前拿出一只未钩好的鞋动起来。

叮——叮——两只镯子碰撞，清脆悠扬。

孩子出来了，手里提着一把铁壶，姑娘放下鞋，从屋里拿出盆来。

呼——唰——盆里一片白茫茫的水雾。姑娘解下皮筋，一头黑发在阳光下散开来。

夹衣脱放在竹凳上，袖子被绾得高高的，露出那双白白的手。

哗——吁，哗——吁，姑娘的手在水中划动。

油鞋轧过石子，声音由远及近。姑娘抬头，眼中波光闪动。

一尾银鱼用草绳穿着提在手中，那人就站在那里，看着她，不敢进，也不敢退。远处，有几声嘹亮的口哨声在响。他抬头，朝那群嘲弄的孩童比了比拳头，又转过来望姑娘。

姑娘在孩童的哄笑声中侧了侧身，水雾在她周边缭绕，姑娘的脸看不分明。细碎的泡沫还沾在乌黑的发上，却也忘了用毛巾去擦。还是那个穿百花衣的孩子过来，把鱼收了，把凳子搬出来，然后进了屋去。

姑娘端起盆，把那水倒进土里，土立马被润湿，鲜红的一片。她去摇井摇水。铿——锵，铿——锵，水流错落有致。

无言的静默。土地上，湿了的那一片，白色的细碎的泡沫还沾在青青的草叶上。

第二壶水又来了。孩子提着水呼呼喘气。那人自然地接了，倒在那半盆清澈的水中。他这时终于看清姑娘的脸了，像桃花一样，被熏染得酡红。

酡红是春天的颜色。晚霞酡红，桃花酡红，夹衣酡红，连整个脸和手也酡红。姑娘临水照了照，几枝桃花恰落在一汪池水中。天呀！怎么这么红？一定是桃花染红的。可桃花为什么酡红？莫非是染了晚霞的红？可晚霞呢？它是借了谁的红？

姑娘胡乱想着，从盆里拿出那件百花衣，乱叠在石板上。她听见旁人的话了，她们正开着她的玩笑。今天郎上门啦？鱼好不好吃？姑娘转过头去，轻轻骂了她们几声，她们哄然大笑。

在骂她们的时候，姑娘轻轻捏了捏口袋，那条穿鱼的草绳子被她收在口袋里。郎已经走了，可那结缠得那样死死的，叫她好一阵忙活。

她又开始洗衣服了。棒槌把水珠子溅得老高，落回池里，一圈圈漾动的涟漪。

梆——梆——梆——噔，梆——梆——梆——噔，棒槌声盖过了人声，沿着池子一路漫向田野，清脆响亮。

不远处，田野里，一片缤纷绚丽。紫云英开了。紫红的小花立在一片青青的草丛里，慢悠悠地摇着。孩子已到了田边。水渠里，黑色的蝌蚪秧子一团一团浮荡着，像一粒粒小黑豆。有几个同龄的人拿了玻璃罐子，把黑豆子舀进去，并且也在招呼他。他摇了摇头，走进田野，在一片紫云英花海中坐下了。

紫云英、如意草、星星花……他一个一个地数着。一把把红的黄的蓝的绿的花叶子放在一旁，他坐在那里，专注地编花环。

黄狗从东头跑到西头，又从西头跑到东头，把一片花海荡得稀碎。

黄绿的环编好了。柳条是黄的，偶尔叶脚带了点青，软软的，嫩嫩的。红花、蓝花、黄花、紫花……一朵朵小花一个一个被插进环里。五彩的颜色。

孩子站起来，唤了唤还在草丛里乱扑的黄狗。黄狗一停，便竖起那两只尖尖的耳朵望他。

唰，一人一狗，奔跑在田埂上了。鲜花偶尔落了几朵在地上，鲜艳艳的。

“阿姐，给你。”孩子在池边停下，胸膛微微起伏。他笑着，手里拿着那五彩的花环。姑娘眨了眨水盈盈的眸子，讶异地望着他。

“给你。”孩子仍是伸着那双手。见她不动，就直接把花环戴在那乌黑的发上了。嗯，是柳树混合着花和泥土的芳香，也是阿姐才洗过的发的香。孩子赧然地笑了。末了，还在池边折了一朵五瓣桃花插上去，这才和黄狗咯咯咯地跑开了。

一切来得太快，她都不知道该如何反应。姑娘低头，那嫩绿的彩色的花环映在水中，终于把她那酡红减了几分，而贞静却是恰到好处。

姑娘笑了，一双眉眼弯弯的，倒映在清澈的池水中。

孩子又跑回田野了，黄狗跟着他飞奔，四只脚溅起一串细小的泥巴。孩子在刚才的地方坐下，花还在那里，他又开始编。紫色成一串，黄色成一串，红色成一串……黄的和紫的被他串在自己腕间，唯留着两串红色躺在掌心。他用手捧着，小心地一步一步朝池边走。

“阿姐——”

“哎——”

他穿过田埂，要去找那个身影，却蓦地看见两个人影穿过黄色的油菜田，逐渐隐没在花海中。

“阿姐——”

“哎——”

一片明黄影中，唯留空空一句。

天高高的，云低低的，唯风在耳畔轻拂。他站在那里，望着那片花海，突然想起了几年前放生的那只鸟，也是这样，扑棱一声，就隐没在山间了。

2020 年 3 月 15 日于家中

南国春（其二）

三姑娘是在今晨才知道春天到来的。

阿妈把柜子里的衣服拿了出来，掸掸灰尘，让三姑娘拿去外边晒。

“春天这就来了吗？”

“可不，燕儿都来这三遭了。今天日头正好，这衣服也该晒晒了。”阿妈说着，又给三姑娘递来一堆薄单衣，“这些我待会儿拿去河边洗，你先给我放桶里吧。”

三姑娘抱着衣服出来的时候，刚好看到一群燕子往这边飞，堂屋里落了些细碎的泥巴，深红的还没干透。

“你们可真是快活，倒要累苦了我。”三姑娘说着朝那群燕子吐了吐舌头，然后才抱着衣服出了门去。

屋外是一片湛蓝湛蓝的天，从屋瓦上看去，倒像阿妈平日里系的那条深蓝色的围裙，干干净净的，没有一点杂色。香椿树这时已经抽出了嫩黄的枝芽，高高的，挨着瓦沿，生出明媚的色彩来。“春天呀！这就是春天呀！”三姑娘欢乐起来，她蹦跳着到了井边，把一堆厚厚的衣服塞进桶里，忍不住要歌唱起来。然而一阵风吹来，她终是忍不住打了阵哆嗦，“可恨这风还是冬日的。”

三姑娘恨恨地想着，飞快跑进了屋内。

“外面天还冷，还是多穿一件吧。”阿妈说着给三姑娘递来一件深红的袄子，她记得，这还是她去年过节时穿的那件咧。“这些是要拿到房顶去晒吗？”三姑娘一边系着扣子一边问。

“是呢。房顶有竹竿，昨日砍的，今早才擦过。”

于是三姑娘便抱着衣服上了楼，她把头狠狠地埋在衣服里，嗅着那衣服上的柜子的味道。柜子有什么味道呢？她说不出来，只觉得那股子清香使她整个人都感到清爽自然。

房顶的风更烈了，初春的阳光照在那青翠的竹竿上，泛出一片闪亮的光泽。她抬起头，阳光打落在她冰凉的脸上，把她的脸照得暖融融的。房顶的视野很开阔，她站在那里，可以看到一片青葱的油菜田，翠翠绿绿的。田野的更远处，是一条弯弯的小溪，溪旁几株桃花已经开了，粉粉嫩嫩的，衬着灰褐色的枝干，说不出的俊俏。三姑娘痴痴地看着那桃花，仿佛所有的神思都跑到那花枝上去了，她想起了很久以前的事，面染酡红，这直到阿妈在楼下喊了好几遍她才回过神来。

“我要出去了，底下还有几件衣服，你等会也拿上去晒晒吧。”阿妈担着两桶衣服，站在楼底下说。太阳打在她鸭蛋似的脸上，她整张脸都是红润润的。

“啊，等等，我也要去。”三姑娘回过神来，急匆匆地喊。

然而阿妈只是调整了下肩上的扁担，对三姑娘说，“先把衣服晒了，晒完就过来吧。”末了，走了几步又停下来说，“记得把棒槌带上。”

三姑娘闷闷地从楼上走下来，抱着那堆衣服忍不住嘟囔：“以前穿也没觉得多，现在晒起来竟然满满两架子！”她心急火燎地晒完，这才拿着棒槌从家里出来。

沿着石子路小跑了一阵，三姑娘突然想起阿妈之前经常和她说“屋外不比家里”，于是便放慢了脚步，慢慢悠悠地踱了出来。她像个大家闺秀似的斯斯文文地走着，然而那双眼却忍不住滴溜溜转动起来。经过了一个漫长的冬季，屋外早已变了个模样，所有的东西都清朗明媚起来。砖红的小土房、乌青的瓦片、浅黄的草垛……还有那些猫儿狗儿，这些熟悉的景物都让她兴奋不已。

“三饼——”

“碰，五饼——”

一片空旷的土地上，几人围着一张方桌，那上面一桌牌早已摆上了。三姑娘凑过去，看到念姑正坐在一处一边看牌，一边钩鞋。念姑是去年才嫁过来的，三姑娘记得她那时吃了不少喜糖，都要把牙齿给吃坏了。

“念姑。”三姑娘走过去唤她。念姑转过头来，朝她露出了温柔的笑容。多日不见，念姑的脸仿佛胖了不少，整个身子也都臃肿了。三姑娘记得当初念姑刚来的时候还是那样清瘦干净，像根水葱儿似的，现在却胖成了这样，真是让人惊叹。

“三儿啊，快过来坐坐。”念姑往里挪了挪，笑着招她。

三姑娘摆摆手说，“不了，阿妈还在河边等我呢。”说着又朝她手里的针线瞧了瞧，说，“这花样子好新鲜，恐怕阿妈都不会咧。”

“你想学我可以教你呀。”

三姑娘刚想说好，那群打牌的人早已玩了一局，便趁着这洗牌的空隙来调侃她，“她这小小的年纪，学好了钩给谁呀！”说完几人又笑了。又有人笑着说，“十四五岁，倒也不小了，既然喜欢钩鞋，到时候找户人家嫁过去，天天闷在屋子里钩鞋。”三姑娘听着有些生气，便挺直了腰板说，“谁要学这！就是学好了也不拿给你们瞧。”说完，就一阵风似的跑走了。

身后那群人还在笑，三姑娘飞快地跑着，她的脚步穿梭在田埂上，手中的棒槌迎着风呼呼作响，等到终于跑到了没人的地方，耳边响起一阵轻微的水声，她才停了下来。这一群老不正经的，总是这样笑话她，三姑娘恨恨地想，要是哪天她们不笑她，她就真是要跪天拜菩萨了。

她抬起头，忽然看到眼前那一片青翠的田野，那些油菜苗儿都鼓足了绿色的浆汁往上生长着，那绿呀简直要揣进人的心底。田野中央，几株油菜花已经开了，明黄明黄的，在微风中轻轻荡漾着。她又愉快起来了，谁让耳边的风这样畅快呢？她也跟着畅快起来了！

三姑娘在田埂上站了会儿，听着耳边风呼呼地吹着，突然想起还要去河边，便挽了挽袖子往那水声处走去。

河水哗啦啦地响着，像一支甜甜的歌。三姑娘抬起头，看到水岸上几棵桃花树开得正好，一朵朵，一簇簇，粉粉嫩嫩地压到了水面上来。水面周围，浮荡着好多桃花瓣儿，像一只只粉色的小碗，在边缘处打着旋儿。她弯下腰刚想去捞，猛地瞥见阿妈站在前方和两个人说话，衣服还堆在石板上团成一团，便挺起身来打量。

矮一点的是个妇人，脖子上系着一条紫色的纱巾，身上穿一件深紫的袄子，她正呵着手和阿妈聊天，看那情形，是聊得很开心。旁边高一点的是个青年，穿一身黑色的衣服，手里提着一袋东西静静地站在一旁。村里什么时候来了这么两个人？三姑娘还在纳闷，阿妈却早已觑见她叫她过来。三姑娘把棒槌递给阿妈，很乖顺地站到了一旁。

“过来，见见你九姨。”阿妈笑着说。

“九姨?”三姑娘瞪大了眼睛不敢相信，那可真是好久不见了呀！她记得九姨走的时候她才七八岁呢。

“如今可长成大姑娘咯。”九姨抿着唇笑。

三姑娘一听，登时扑进了九姨怀里，她连喊了好几声九姨，那嘴巴甜得仿佛跟沾了蜜似的。

“你九姨刚来，你快带他们去家里坐坐，我这还有点衣服，洗完就回来。”

“没事，我陪你在这儿聊会，三儿带着安子先去。”九姨这样一说，三姑娘这才看向旁边这个白白净净高高瘦瘦的青年。她上上下下打量了他好几回，还是觉得不敢相信，这是安哥?

九姨看她这模样，便拉过安哥说，“不认识我也就算了，难道连你安哥也不认识了吗?小时候你可是经常追在他身后叫安哥的呢!”安哥听了冲她微微一笑，她这才想起来。是了，就是这个笑，就是她安哥!

于是她便脆生生喊了声安哥。

安哥笑了，露出一排整齐洁白的牙齿，说，“小姑娘都长这么大了。”三姑娘不好意思地往九姨怀里躲了躲，安哥不也是吗?他走的时候还没这么高咧，现在倒像棵大树似的了。

最后，这一场问好终于在阿妈的催促下画了个句号。三姑娘领着安哥慢悠悠地往家里去，长长的田埂上，两人一前一后地走着，那软软的泥巴在他们身后留下一串深深浅浅的脚印。

“刚见你提那么大个棒槌，你挥得动吗?”安哥在身后问她。

“怎么会挥不动，我力气可大着呢。阿妈都说我这力气以后犁田都用不着牛了。”

安哥被她这话逗笑了，便指着手中的东西说，“那这一袋子，你提得动吗？”

三姑娘转过头看到安哥手里提着那一袋东西，手背涨得通红，便说，“有什么提不动的，我来。”说着便伸手去拿安哥手里的东西。

安哥见她这样便往旁边一躲，笑着说，“我逗你的呢，怎么能让你提，还是和以前一样，死脑筋。”

三姑娘一听就不大高兴了。她记得小时候每次和安哥去雷祖殿拜佛安哥都会笑她。因为她总要念叨一大堆，比如昨天放牛时让牛不小心吃了别人家的稻子，回家的路上看到别人家那油亮亮的橘子没忍住摘了一个，她一边念着一边还要祈求各路神灵莫怪，那时安哥也是跪在她旁边笑她死脑筋。这算什么死脑筋？阿妈说了，这叫赎罪，一定得心诚才是。她想争辩，却看到安哥停了下来，扯了路旁的一根杂草给她编了一个手环。“小时候你总是追着让我给你编草环，现在还戴得么？”安哥把编好的手环拿到她跟前问。

“怎么戴不得！”三姑娘接过那根小小的手环穿进腕间，得意地向安哥说，“看，刚刚好。”

安哥笑着摸了摸她的头，说，“还记得我们小时候一起去河边的草地上编花儿玩吗？那软软的草地翠翠绿绿的，花儿也是五颜六色的，你坐在一堆花丛里东扯扯西拽拽，真不知道糟蹋了多少花呢！”

“记得记得，还有雷祖殿下面那棵大槐树，我们经常在那儿烤土豆呢。”安哥一提起这个她就来了兴致，这些事她怎么会忘呢？她记得春天的时候那一串串白的紫的槐花从枝上垂下来，都能垂到她的肩上，搅得她满鼻子都是喷香喷香的，安哥还说要摘点回去塞枕头里，这样做出来的梦也都是喷香的。他们还摘着花儿吃，甘甜的花汁吃得满手都是，回去连衣服上都沾满了槐花的香味。

“那时，我们多快乐呀。”

这近乎一半怀念一半伤感的话从安哥那微微弯起的嘴中说出来，倒让三姑娘有些糊涂了。“那现在不快乐吗？”三姑娘问。她记得安哥是十岁就离开这里去城里的，阿妈说九姨终于找到了好人家要带安哥过去，这么多年，她也就从阿妈那里知道点安哥的事。比如他上了学堂，考了第一，住了大房子，这么顺顺利利的还有什么不快乐的吗？

“难说。”安哥说着又拉过三姑娘的手给她整了整草环，然后继续道，“不过，见了你就快乐了。”

三姑娘登时觉得脸上热热的，心底里仿佛有无数丛杂草在挠她的心窝子。她赶忙抽开手转过身去说，“阿妈说了，我是个开心果儿，不管谁见到我都会觉得开心的。”见安哥没有说什么，三姑娘以为她不信，走了几步又转过头说，“真的，阿妈真是这样说的。”

安哥终于笑了，他点了点头说，“嗯，我信，谁见了你都会觉着快乐的。”三姑娘这才满意地转过身去。

二人走过一片水田，看到水田里长满了一串串小小的绿浮萍，一团黑黢黢的东西在浮萍下悠悠飘荡着。三姑娘想起这已是春天，蝌蚪秧子也该出来了，于是便探手捞了一把道，“安哥，看，蝌蚪秧子。”她捧着一汪清澈的水，转过身给安哥看。那小小的手掌里，几只小小的蝌蚪慢悠悠地游荡着，像几粒小黑豆。安哥站在她身后给她挡着太阳，但还是有些射在她红扑扑的脸蛋上，她的长长的睫毛颤呀颤的，像两只飞舞的精灵。

三姑娘见安哥没理她，便又把那蝌蚪放进了水里。怪没有意思的，安哥都不说话，她这样想着，看到身后的安哥依旧像棵树一样安安静静地站在她身后，忙又低下了头。等低下头，看见安哥脚上的鞋子沾了好多的泥巴，又忙站起来说，“不早了，我们快回家吧。”

三姑娘飞快地走在前头，心里乱糟糟的。她在想什么呢？她想飞快地回家，她又想去找念姑学那花样子，可是那里那么多人，她怎么问？现在去？她拉不下这个脸！晚上去？晚上看不清花样子了！她满心郁闷地走在前头，这个春天，一来就这么多烦心事。

可安哥呢？他走在身后终于不说话了……

2017 年 11 月 25 日于湘潭大学

大风起兮

（一）

起风了，树叶哗啦啦地响。在山岗，在路边，在望也望不到尽头的原野，呼呼啦啦的。你看它东哗啦啦一声，东边黄一片，西哗啦啦一声，西边黄一片，叶子就这样落光了。

但人走在路上是感受不到的，他们顶多只关心今天要吃什么，明天要吃什么，今天要做什么，明天要做什么，至于其他事，他们管不了，也不想管，除非那又牵扯到他们自身。

就像现在，稻草秆子被风卷起来，高高抛起，又呼啦甩下。可冯婆子就看不下去了，她拄着弯弯扭扭的拐杖，沿着小路，一根一根又把它们捡起来，攥在手里。可不能让它飞走了，公鸡的窝得靠它，黄狗的窝得靠它，她自己那摇摇坠坠的小屋也得靠它。

但稻草是捡不尽的，她走出家很远才意识到这个问题，她累得腰酸背痛，可眼前的稻草却一根连着一根，往无限远的远处铺去。她走回来，坐在门槛上喘气，黄狗围着她，呜呜叫唤。“小畜生，也只有你最快活。”她把捡来的稻草拿进灶房，换了狗窝鸡窝里那些沾满粪便充满腥臊气的稻草。

睁着一双极污浊圆溜的眼睛，那只毛脱得都快没有了的老公鸡望着她，无辜又茫然。

“好啦好啦，你们有新窝啦。”冯婆子把稻草铺好，然后把换下来的脏稻草扔进灶里。她搓了搓冻得僵硬的手，准备开始做饭。

“米，对，先找米。”一路嘀嘀咕咕着，她又从灶房摸进屋里。

风还在嗡嗡地吹着，小木屋整个都摇动起来，发出吱吱格格的声响，仿佛随时都可以塌落下来。但冯婆子是不怕的，这么多年，摇晃惯了，就是塌不了。而且，就算塌下来，那也没什么，谁没塌过几次房子呢？前几天王老二家房子就塌了，她去看，人挤得人呀，其实除了一阵烟什么都没看到。还有王老二那指天骂地的哭叫声，连风声都盖过了。但这有什么用呢？要是她，她才不会那样。

黝黑的发亮的米缸静默在一角，冯婆子拿个小碗过去，盖一揭，底下光溜溜一片。她都忘记了，昨天就没米了，她记得昨天喂了那秃毛老公鸡几颗苞谷，还被老头子骂个半死。“人都没得吃了，还管这小畜生干嘛！”可是小畜生也得吃饭啊，吃饱了才有气力打鸣啊（虽然这鸣打得并不响），打鸣了他们才好起来做事啊，做事才有饭吃呐！总之，在她的世界里，这只公鸡就是饭的来源，她并不知道，没有公鸡他们照样会早起，照样会勤勤恳恳做事，照样能吃上饭。她想事情就是这么一根筋。所以老头子就不跟她说了，只唰唰扒着萝卜上的土。

老头子今早就去镇上卖萝卜了，卖了萝卜，就有钱了，有了钱，就可以买米了，买了米回来，就可以煮饭了。冯婆子走到门前，踮踮脚，往远处张望。然而阴沉苍茫的天底下除了风什么也没有。黄狗饿着了，跑到冯婆子面前蹭了蹭，像个孩子讨糖似的黏着她，然而冯婆子只是摸了摸它黏腻的枯黄的毛，说，“再等等，再等等，等老头子回来就有得吃了。”

若是风可以传递这些，老头子早就该听到她们的祷告，可是风并不能，它除了把老头子的帽子几次吹翻在地上，什么都没做。

风呼啦啦地吹着，撕扯着他的衣衫，他前几天才缝好的扣子又崩开了，白线随风胡乱颤抖。他有好几次想把那一担萝卜给扔了，坐在地上好好骂几句娘，骂这混蛋的日子，骂这群混蛋的人，可是这混蛋的风声这么大，他骂不过。

呼一下，他的帽子又被吹走了，凌乱的苍白的头发啪啪地往他脸上打。他好久之前就想去理发了，清清爽爽，干干净净，多好。可混蛋的是，他连理发的钱都没有！无奈地，他把脸上的头发扒开，然后找帽子。捡起来，戴好，又吹走，捡起来，戴好，又吹走，第五次，第六次，第七次……他终于忍不住了。他把担子扔在路上，一脚把帽子踹进水沟里，狠狠地跺了它几脚。“去你妈的，全是混蛋！”

这并不能怪他，他平日里是一个多温柔和善的老头子，无论见谁都是笑眯眯的。他不抽烟，不喝酒，不赌博，不打老婆，不与人争高下，但天老爷偏偏就是看不惯他，处处给他使绊子。娶个老婆不称心，生个儿子长不好，借个钱遭人骗，修个房子也总是晃里晃荡。年轻的时候，还有气力拼上一拼，现在老了，早就拼不动了。

挨着筐子坐下来，他给自己削了根大白水萝卜。这一担子青青白白的萝卜让他想起了每日起早摸黑地去土里除草，泼肥，早上露水那么重，他穿着布鞋去把它们拔回来，脚趾被冻肿那么大，他和老婆子一起扒拉土泥，那红色的土堆堆起来有半个人高。他们想着卖了这担萝卜，买米，买油，甚至可以买上二两肉，好好吃上一顿。但是现在，他挑去镇上了，没有一个人买！那些人不是嫌萝卜长得不好看就是嫌贵，还把价压得那么死。这不都可以商量的吗？但他们不肯商量！狠狠地咬了一口，他只觉得嘴里涩涩的，这多半是由于情绪所定，因为萝卜并不涩，总体还很甜，而且还那么脆，咔咔嚓嚓的，谁说不好呢？这群混蛋！

风还在吹，他的头发乱飘乱飞，有的甚至钻进了他嘴里。他呸呸吐了几下，继续咬他的萝卜。他觉得这一切都是从老婆子开始的，他做这一切都是为了他老婆子。他想到五点多有人在大街上扯着嗓子喊“卖烧饼”，他想，还不是为了你老婆，还不是为了你孩子，干嘛要做这些，到时候你死了，自己拍拍屁股就走了，反正什么也带不走。他看到有人为着一把葱和别人争来争去，他会想，有什么好争的，反正迟早是要死的。这样一想，他又觉得自己刚刚那样做真是蠢透，既然都要死了，干嘛还为这发脾气？

然而他还是不甘心，他想诅咒这个世道，干嘛这些事都要发生在他身上？他想起之前喜欢的一个姑娘，那么纤柔，像根柳条儿似的，浑身上下都笼着一层水光。她的眼睛水汪汪的，像泉水一样。她会唱歌，黄莺儿一样，滴溜溜地啭。她能持家，春天来了摘花摘菜，放在家里，香喷喷的。夏天守瓜，秋天打谷子，冬天熏腊肉，她的家永远那么干净敞亮。她不会像老婆子那样一根筋，除了做饭什么都不会，可他就是娶了老婆子。他们有了孩子，孩子死了，他们借钱修房子，钱被骗了，房子凑合成那样，风一吹，像海上的船一样，颠簸得人心慌。到现在他什么都不想了，可连吃口饱饭都成了问题。人的一生那么忙，忙着结婚，忙着生子，忙着修房子，忙着等孩子长大，可在这忙的同时为什么还要让人承受这么多的苦难？他本来就觉得日子太苦了，可天老爷非但没有给他撒一把糖，反而塞了他一嘴的苦瓜。他的一生够短了，为什么就不能让他安安心心过下去呢？他越想越气，气得眼泪都要流下来了。他多想问问，这是怎样一个混蛋的日子，但是没有人能回答这个问题，这已经是上升到一种哲学层面上的东西了。而且，就算他们跟他解释，他也听不懂。

风还在吹，哗啦啦的，大地颤动。老头子坐着想了一阵子，觉得全身发冷，而且他还那么饿，肚子叽里咕噜叫个不停，刚才一肚子的闷气一下子就空了。他站起来，从水沟里捡起帽子，在草上蹭了蹭，又戴上去。他担着担子又往家去了，家里的老婆子还在等他。

大地又安静了，只有风呼呼啦啦的，从来没有停过。

（二）

稻子在这时节已经收割，田野里还残留着淡淡的稻草香味。现在狂风起了，那香味就被风卷起来，跟着奔走。老头子挑着一担萝卜走在田埂上，他飞速地，像跑一样地走着，脚底简直都快生出风来。说实在的，那田野里的稻茬一排排，一列列，齐齐整整的，看得他心里极不舒坦。

冯婆子还坐在门前，黄狗已经把屋子绕了三圈，“等等，再等等，老头子就要回来了。”她不知道是在安慰黄狗还是在安慰自己。但果真如她所说，很快地，在一片苍苍茫茫的天底下，老头子那小小的身影就出现了。冯婆子欢乐起来，她也像黄狗那样高兴地在原地转了几个圈，然后迎上去。

“怎么样？怎么样？”她像只雀儿一样叽叽喳喳地问，问得老头子心都烦了。他闷着头不说话，等走到门前，才把担子放下。冯婆子一看就明白了，一根都没卖掉。于是她兜了一兜萝卜往灶房走，一面走一面说，“也没事的啦，刚好留着我们自己吃。这么好的萝卜，卖给他们我还舍不得呢。”

灶房里很快传来了锅碗瓢盆叮叮当当的声音，还混杂着切萝卜的噔噔噔的声音。老头子坐在门前，看着空空荡荡的远天，听着天底下嗡嗡呼呼的风声，心好似也变得空空荡荡起来。这是一种莫大的悲怆，他现在心里生出这种悲怆来。假使他能哭就好了，那他就可以把这一辈子的辛酸都哭出来，但是他哭不出来，他只觉得自己被一种什么东西包裹着，那东西迫近他，使他压抑，把他的心掏空，但就是不让他哭出来。

“今天我们煮萝卜汤吧，冬天，萝卜汤最好。”冯婆子已经把萝卜切好了，那一块块圆圆白白的萝卜，堆在盆子里满满一盆。她之前也没数这是几个人的份，只抱着一堆就来了。说实话，她心里也是乱糟糟的，但她还是要撑下去，没办法，天塌了一方，总要有个人来撑的。“还记得去年吗？也是这么冷，我们煮萝卜汤，那么甜，那么热和……”

冯婆子还在叽叽喳喳地说着去年的事，可老头子已经完全听不到了，他只觉得自己好像在一片没有遮蔽的原野上，耳边全是呼呼的风声，几千里开外，全没有人烟，他想抓住点什么东西都不行。他也想回忆一些事情，可他的脑海里除了风什么也没有。他坐在那里，整个人仿佛陷入了一个巨大的漩涡，他呼喊着，挣扎着，然而风束缚着他，使他挣不开，也抓不住任何东西。

这些是灶房里的冯婆子感受不到的，她的眼中现在全是那咕嘟咕嘟翻滚的水泡。她把萝卜倒进去，用勺子搅了搅。其实她是想放油的，可是她把油桶刮了个遍，还是没刮出一滴油。她心里有点惴惴不安，转头望了望门外坐着的老头子，心里又踏实了些。萝卜逐渐由透明变成了纯白，冯婆子往里加了一勺盐，搅一搅，咂吧一口汤，觉得不够咸，又加一勺。她的手有些发抖，她不知道为什么今天这么不宁静，她不喜欢这种不宁静。于是她努力控制好自己的手，缓慢地、从容地加了盐，用碗盛好，然后叫他吃饭。

菜端上桌，一碗热气腾腾的白萝卜，他们一家子——冯婆子，老头子，黄狗，秃毛老公鸡全都围坐在一起。“吃吧吃吧。”冯婆子说。她先给黄狗盛了一碗，黄狗嗅了嗅，不吃。冯婆子就骂它，“小畜生，这个不吃等下就没得吃啦。”她又扔了一块给秃毛老公鸡，它倒是安安分分啄了几口，这让冯婆子心里好受多了。她用筷子指着黄狗说，“看到没有，多学一学，不然早晚得饿死。”

老头子还是闷闷的，冯婆子也给他舀了一碗，他迟缓地动了几筷子就停了。虽然冯婆子一直说这萝卜怎么怎么甜，但他全然都没吃出来，他其实连自己吃的是什么都不知道。

饭刚吃完，外面就有人喊。冯婆子把埋在碗里的头抬起来，望了老头子一眼，然后说，“我去吧，你吃，你吃。”

她走到门前，用袖子擦了擦嘴，其实根本就不用擦，一碗白水煮萝卜，又没有油，擦什么呢？但她还是擦了，这显示出她对人的一种尊重。她喊了几声“谁呀”，然后去开门。

门吱呀一声，一个佝偻消瘦的身影杵在门前。冯婆子只看一眼，面上的肉就垮了下来。她不好意思地搓了搓手，然后问，“李叔呀，你怎么来了？吃了饭没？要不要坐坐？”

把一双眼睁得浑圆浑圆，李叔扯着他那雷霆一般的嗓子喊，“我不吃，也不坐，我只想问问你们欠的那点钱什么时候能还！”

冯婆子被这声音吓到了，她想起里头的老头子，很着急地把声音压低了说，“知道的，知道的，李叔你别这么大声啦，老头子在里面，他今天一根萝卜也没卖出去，心里正不舒坦呢。”

“我管他舒不舒坦！我只要钱。”李叔那声音非但没有降下去，反而提高了几度，好像故意要和他们作对似的。

冯婆子急得简直要跳脚，“再等几天，再等几天，等把那一担萝卜卖完就有钱了，你要相信我哇李叔。你看以前有个什么事，老头子都来帮忙，我也是，老头子是个什么样的人你也是知道的，我是什么样的人你也是知道的，我们不跑，我们就在这里干，老老实实地干，得了钱就还你……”

这番话使李叔动了容，他想起了以往的一些事情，便摆摆手不耐烦地说，“好啦好啦，那再等几天吧，再给你几天，你也知道，现在这日子，谁都不好过。”冯婆子胡乱点头应承着。

送走李叔，冯婆子长长地舒了一口气，然而面上全是愁容。她现在心头好像坠着一坨千斤的石头似的，但她又不能显露出来，她不能让老头子也担着这千斤巨石样的心。再进来时，老头子已经把碗筷收拾好了，他用极其温和的语调说，“碗筷都收拾好了，你先歇一下吧。”冯婆子被这突如其来的温柔吓了一跳。虽然这不是他的本意，他坐在里面，听到她们对话，心里烦闷，总想给自己找点事做，他觉得，自己要做点什么才能赶走这满心的烦躁与焦虑。可冯婆子却不这么想，她因这一句兴奋了好久，她觉得为了这一句，白日里她等那么久也是值得的。

夜里躺在床上，一想起老头子那温柔的话语，冯婆子的心就突突跳个不停。然而回忆起老头子回来时那失魂落魄的样子，她心里又难受得紧，于是她出声安慰说，“老头子，别难过了，明天萝卜一定能卖出去的。”

“你怎么知道?”老头子睁开眼，望着头顶，其实头顶什么东西也望不着，黑漆漆的一片。

这句话把冯婆子问住了，是啊，她怎么知道？她又不是大罗金仙，想要什么就来什么，她凭什么知道呢？她想了很久，也想不出什么，就只能说，“我知道的，我就是知道的。”

老头子转过身去，稻草秆子在他身下被压得咔咔作响。“你呀，就是这么糊涂，不过糊涂一点也好——”声音断在漆黑的夜里，像一根弦，铿的一声，极其突兀，但很快他又把这续上了：

“不过那是你。我不一样，有的时候我清醒，有的时候我糊涂，清醒的时候我痛苦，糊涂的时候我也痛苦。所以说，生而为人，着实不易。但我又不愿意这么将就着死去，俗话说，‘好死不如赖活’，我宁愿痛苦地活，我也不愿痛快地死。大抵人就是这样，总是眼巴巴地，眼巴巴地期待着一切会好起来，生活会改变些什么，可是就是这么眼巴巴地，眼巴巴地等着，一等就等到了一堆黄土一块草席。”

老头子说的时候，冯婆子只是静静地听着。她有点惊讶，这样一番哲理性的话老头子是怎么想出来的，其实老头子自己也不知道，他也惊讶，自己竟然能说出这么段长篇大论，这简直不像他。他只是在门口坐了会儿，这些东西就自己跑了过来。他也不知道冯婆子能不能听懂，他当然不希望冯婆子听懂，但是他又想要这么个人来懂他，这矛盾纠结使他浑身难受，那种莫名的悲怆的感觉又来了。

冯婆子沉默了，她闭着眼睛听着屋外狂风呼号。它们卷进屋子里，把那些纸布吹得哗啦作响，还有那窗子，砰砰砰砰地，撞得她心里也不平静起来。她其实好像一直都懂，好像又一直都不懂，她自己也糊涂了。冯婆子缩在被子里，眼泪终于默无声息地落了下来。

2018 年 5 月 25 日于湘潭大学

秋水

中秋刚过，就来了一场大雨。哗哗地，唰唰地，好像要把地上的一切都洗刷干净。狂风在暗夜里嘶吼，擒着树木，左摇右摆，那些青的叶黄的叶就扑簌簌落下来，碰到雨水，被砸进地里，就成了一摊烂泥。但其实这都没什么，风雨总有停的时候，要不了多久，这里照常又是青山绿水白云蓝天。

只是雨一下，秋水就会涨起来，没过河岸，没过田野，没过庄稼。常理以为，秋水你得离它远远的，它毁树木，毁庄稼，毁人类创造的一切。然而有些人，他不喜欢跟着常理走，他们以为，那一套俗烂的东西只适于俗烂的人。所以，在河边，一座矮矮小小的木房子就建起来了。它的表层灰黑的色彩使它显得沉郁肃穆，但只要吸饱了雨水，它就显露出一片深红，像血，有了张扬的色彩。

房子的主人也是这样。他常年都挂着一张冷脸，嘴往下歪着，让人一看就觉得丧，他的嘴只在下了雨的时候才微微往上抬那么一点点。这是一个对生活失去兴味的人，他不关心任何人，不关心任何事，他脑中也不记任何人，任何事。他的生活每天都是一个样，起床，晒网，打鱼，睡觉。他每天听到的只有河边的风声，有时候他坐在船上，连风声都听不到。他的世界太过安静，需要一点声音来打破。

然而他又厌恶市集上那些嘈杂的人声，那喊喊喳喳的杂乱的叫卖声吵骂声，只要他一听到，就感觉有无数只小虫往他身上爬，弄得他浑身不自在。然而他总归是要去集市的，他不排斥，该去就去。这没法解释，就像他觉得每天的日子都没意思，但还是要过下去。没人教过他，但他知道，这如同人被扔进水里就会挥手舞臂激打水花一样，这是一种本能。

现在，秋水涨起来了，浩浩荡荡的。有时候它“呼”一声，水浪就打过来，打进屋子里，那些盆子罐子就全都漂浮起来。三蛮子穿着油鞋在水里划动着，他从屋里划到屋外，腿被冻得僵直僵直。那刺骨的寒气从油皮鞋外扎进来，锥心的疼。

但他还是努力划着，像两块木头一样，僵直往前划。黑黑的背篓挎在腰间，他挺起身，望着田里河里那汪洋的秋水，心里头生出一丝快意。网兜拿在手里，他往田里去，黑色的点融在一汪秋水中。

秋水把稻茬淹了，稻草秆子在水上漂，东一根，西一根。杂草裹着水泡往前流，那些黄的白的水泡就翻起来，咕噜一声，就碎了。三蛮子用网兜拨开那些杂草，左边播一播，右边舀一舀，小鱼虾米就进了网兜。水浪从河里拍过来，“呼——呼——嘣”一声，打在他冰凉的油鞋上，舒服畅意。他越干越起劲，小鱼虾米很快满了一篓。

太阳慢慢露出来，金黄色的光越过云层，落下来，打在他头上，脸上，胳膊上，一阵酥麻麻的感觉遍布全身。三蛮子低头打了个舒服的哈欠，再挺起身时，就听到一阵幽渺的歌声。那歌声温柔，干净，像一只柔软的手，抚摸着他的面颊。他的脸微微有些发烫，这歌声，他以前也是听过的，当他在屋子里用锅碗瓢盆叮叮当当敲出一顿饭的时候，他听过这个声音，但他似乎都忘了。他以往的日子过得那么混沌，忘了年月，忘了人事，连自己姓什么几乎都忘了，又怎么记得这个?

歌声在飞。像一根线，从远处飞过来，穿过三蛮子，又往远处飞去。三蛮子只觉得身子轻轻的，好似自己被串在这根线上，也跟着往远处飞去了。这声音轻轻柔柔的，跟市集上那些声音不同，它干净，温柔，三蛮子喜欢。他听着歌声，不知为什么就想起了河对岸李老太太的小孙女。秋水一样的眼睛，高高的鼻梁，瓜子一样的红润的脸庞。她经常买他的鱼，他们见过很多次了。她站在摇井边上洗头，白色的泡沫全都沾在那长长的乌黑的发上，盆里的热气把她的脸熏得通红通红。他在门外喊，“要鱼吗?”她就抬起头来，用毛巾擦擦头，喊着“等一下”，然后趿着小木鞋往屋里走。她买了鱼，把钱给他，她的手是那样白净，那在水里浸染后的醺红让人迷醉。她用毛巾把头发包住，露出那双秋水般的眼睛。

那双秋水般的眼睛，三蛮子现在越想越清晰。而且，从那眼睛蔓延开去，那眉毛，那鼻子，甚至是那鬓角没洗干净留下的小泡沫他都记得清清楚楚。他的心像这满田的秋水一样开始摇荡起来，咕嘟咕嘟冒出一连串水泡。

他朝着歌声的方向划去了，心中咚锵咚锵响打着鼓点。那是在河对岸，是在那个姑娘的方向。这是在指引他吗?让他去向那姑娘说出自己的心意。他觉得有些不可思议，就在几分钟前，他还是一个人，脑子里还是空空的一片，而现在，好多事汹涌而至，把他的心撑得满满的，他记起了阿妈，记起了朋友，记起了自己，他好像不再是孤零零的了。

还有那姑娘，以前这世上似乎是没有这个人的，他们素未谋面，没有任何交集，而现在，听着这歌，她的样貌就那么清晰地浮现了，而且还那么霸道地占据了他的全部身心。

他逆着水流往前划，下了河，水没过了他的大腿。冰凉的水从油鞋里灌进去，然而并不冷，其实可能很冷，但他感受不到，他心中只有那个姑娘。水浪很大，很多次把他拍倒，他在水里呛了好几口，又挣扎着起来。他已经不用脚划了，他脱了油鞋，扔了鱼篓，一个猛子扎进水里，游了过去。

水势很大，也很猛，好几次把他吞没。他溺在水中，不能呼吸，然而一想到那个姑娘，一想到那双秋水般的眼睛，他的胸膛里就充满了力量。被水冲下长长的一段距离，他终于到了对岸。躺在草地上大口喘着气，他想起了阿妈。她死的时候，他回家，也是这样，往前跑，在田埂上，不停往前跑，风扼着他的咽喉，他不能呼吸，一切都在逼迫他不让他前行，但只要一想到阿妈那张沟壑纵横的脸他就停不下来。

他奔跑在长长的田埂上，记起阿妈以前和他开玩笑，“我要是死了，别难过，这有什么难过的，人总是要死的。只要每年清明的时候来我坟头烧二纸钱，供我在底下使使就行。”他开始还记得，后来连烧纸都不记得了。他又想起以前和小伙伴在池塘边上玩，柳树叶子翠翠绿绿的，他们折下来当武器，他说，长大要去参军，不管怎样，总要去参军，然而，他长大了，什么都忘了。

三蛮子还躺在那里，二十多年来的一切全都回来了，他头痛，糊涂又清醒。姑娘那双秋水般的眼睛又浮现出来，她凝视着他，好像在问，“怎么啦”，这给了他莫大的勇气。他爬起来，拧了拧身上的水，踉踉跄跄往姑娘家走。

风在原野上吹，掠过他才浸了水的躯体，像刀子一寸一寸割着他。然而他不觉得痛，这是甜蜜的伤口，并不痛。现在，他整个人都是湿漉漉的，头发乱成一团，衣服上也挂着草沾着泥巴，就像落了水的公鸡一样。可是他管不了，他只想见到那姑娘，跟她说一声，问一声好。那姑娘是喜欢他的，那深情的秋水般的眼眸总是跟随着他，还有她的笑，她总是对他笑，弯弯的眉眼，弯弯的红唇，这不是喜欢是什么呢？

过了一户人家，他听见了嘈杂的人声，那种虫爬的感觉又来了。但他没有抗拒，为了姑娘，他是可以接受这些的，像爱上那歌声一样爱上这一切。笑吧，叫吧，喊吧，不要停，他想，没有你们，这世界哪里还是个世界！你们这么可爱，不要停，就要这样热热闹闹的。

穿过田埂，绕过篱笆，他心跳得飞快。他像一只小鸟一样轻轻悄悄地落到她门前，然后喊，“要鱼吗？”

屋里一阵霹雳哐啷，门开了。

姑娘出来，手里拧着洗碗的布。三蛮子看见她，心雀跃着。可是当她一步一步走过来，那心雀跃着，雀跃着就沉寂了下来。其实她的手并没有那么白净，反而像一根枯黄的干柴。她的脸也没有那么红润，两颊还长着密密麻麻的雀斑，她打量他，那双眼斜着，觑着他。

“这是从哪儿来？”扯着嗓子，她的声音像刀子一样尖锐。

他那饱胀的充盈的心慢慢裂开了，很多东西飕飕地从裂缝中飞了出去。那秋水般的眼，那不是秋水般的眼，那鄙夷，好奇，不解，令他胆战，令他心寒。话卡在喉咙里吐不出来，他站在那里，像木桩子一样狠狠钉在那里。姑娘进了门，走时还不忘用她那不解的眼神望他一望。门关上的那一刻，他听见了一阵稀里哗啦，心就碎了。

踉踉跄跄地，他回去。还是那条路，还是那户人家，还是那些人声，然而一切全都不一样了。来时他只被一根线牵引，而现在，一团线在他脑子里乱缠。那蚀骨的痛感又来了，他整个人浑浑噩噩，脑子里全是那些人声在打架。

他想，在打什么呢？有什么好打的呢？这些人，从一生下来就开始制造这些声音，为的就是荼毒这世界。但这跟他有什么关系？他过好自己就行。他打鱼，晒网，吃饭，睡觉，外面的一切他都听不到。然而一想起那双秋水般的眼睛，那双秋水般的眼睛，他就忍不住痛哭，泪珠像雪粒一样。

他回了家，躺在床上回想这一天，觉得真是荒唐。他用极其荒唐的行为做了件极其荒唐的事，他只用一天就走完了一生。那些人与事飞速而来，又飞速而去，只一个白天，他从一无所有变成拥有一切，然后又变成一无所有，真是一场梦。

他想，以后那歌声他再也听不到了，那秋水般的眼睛再也看不到了，他伏在被子上哭了一宿。第二天起来，他照常吃饭，照常晒网，照常打鱼，照常睡觉。秋水退了，他坐在屋子里，什么都听不到。

2018 年 5 月 23 日于湘潭大学

原野

春天到了，原野上开遍了星星点点的白花。白花是细碎的，像玻璃碴子一样小，一样发着耀眼的夺人眼球的光。只是要不了多久，这光就会熄灭，剩下青绿的一片。到了秋冬，就更寥落，青绿都没有，只有一些惨白的枯黄的东西还在苦苦撑着。

然而这还是在春天，它生的还是绿草，开的还是白花，星星点点，灿灿烂烂。风往原野上吹，勾着人的衣角，好像总在说，“停一下吧，停一下吧”，然而人总是停不住的，除非他们听见歌。

歌也不是没有，这里的女孩子都会唱歌，黄莺儿似的，滴溜溜地啭。天晴时，她们唱，“采花编花篮，花篮街上卖，赚得五块五，要买珠子戴”。有时天落雨了，她们唱“细细风，毛毛雨，阿公出门要打鱼。黑斗笠，绿蓑衣，一步一步离家去……”

这样一个年纪，也就该唱这样的歌，不然等过了时候，到哪儿再去找这样的歌呢？

棉花似的云朵攒聚在一起，日头始终温和着。原野上的草更绿了，白花一阵一阵水样的波浪。靛蓝的衣裙在白浪里划过一阵涟漪，歌声是甜的，云一样软，水一样清，红润润的手指采下一朵白花，她唱，“细细风，白白云，阿妹出门采花去。采一朵，唱一句，哐里哐当断断续续……”

于是旁人笑了，立在路边卷着烟斗问她，“望儿，你阿公呢？不打鱼啦？”

水样的流动的眼波骤然停下，很久以后，她才眨眨眸子说，“天没落毛毛雨，阿公不去打鱼。”

旁人笑得更欢了，嘴里的白烟一阵阵的，好像这是件多稀罕的事情。但只有望儿知道，她的阿公，那个爱打鱼的老头子，现在正躺在床上稀里糊涂地咳。他打鱼，大冬天的，摔了跤，一头栽进了河里。旁人救起他，他不停地打喷嚏。

一篮子小白花簇拥进屋子里，望儿找了个长颈的瓶子把花插进去，放在阿公床头。那瓶子是她捡破烂时捡到的，大冬天，埋在黄泥巴里，她扒出来，洗了一个上午，手被冻得通红。但阿妈还是骂了她一顿，骂她不知好坏，总爱搞这些稀奇古怪的东西。事实上，那也不是她第一次挨骂了。因为她是捡来的，是野孩子，是霉孩子，是扫把星。她饭煮得不好要被骂，水提不动要被骂，捡了破烂采了花也要被骂。就像现在，阿妈一边在门口剁着猪草，还一边细细碎碎地说着，“害人的东西……白花……白花……不吉利的东西，是嫌你老子命太长吗？真真不是亲生的。”

木板一样笔直的被子动了动，轻轻咳了几声，阿公坐起来喊，“又骂，又骂……咳咳……我看早晚是被，被你……咒死的，咳咳。”

阿公又咳了几声，外面的骂声渐弱下去，望儿给阿公倒了茶。阿公直着脖子咕咚咕咚咽下，等气捋顺了，才拉着望儿那双小小的手说，“好孩子，去编花篮吧，去吧。”

于是望儿走出来编花篮，经过阿妈时，阿妈狠狠白了她一眼，她听到了阿妈恶毒的话语，“害人的东西，哪里捡来这害人的东西。”望儿抿着唇，提着篮子走了。这有什么呢？她感觉不到悲伤，阿公喜欢她就好了。

她开始编花篮。绿色的柳条软软的，比望儿的手还要软。穿、插、翻、穿、插、翻，望儿的手飞快地穿梭在白和绿中，很快，一只花篮就编好了。她拿去给阿公看，阿公点点头，说这个要留下来给他。其余的花篮被拿去卖了，望儿给阿公买了一只新的鱼篓，她等着阿公好起来，带她一起去打鱼。

太阳走了，月亮就升起来，月亮落了，太阳就接起来。日子是这样一天天地过，可阿公似乎是好不起来了，他终日僵着身子躺在床上，嘴里喘着沉闷的粗气。很快，他就像床前那瓶白花一样，落了满地细碎的花瓣，委蔫蔫地耷着头，干瘪枯瘦，像死了一样。

望儿又去采花了，她还是唱那首“细细风，白白云，阿妹出门采花去……”经过阿公打鱼的那条河，她声音突然就哽咽了。她想起了落着毛毛雨的时候，阿公背着鱼篓带她去打鱼，他教她唱，“细细风，毛毛雨，阿公出门要打鱼……”雨清清凉凉的，落在她胳膊上，痒痒的，让她感到舒爽快乐。

她唱，“细细风，毛毛雨，阿公出门要打鱼……”

旁人又笑了，问她，“望儿，雨在哪呢？”

睁着那双覆满薄雾的眼，望儿抬起头，头顶只有一片蓝蓝的天，几片云在快速地飞移。

没有雨了，但总归是可以采花的。阿公爱采花，她也爱采花，她不停地采，多多地采，阿公就能快快好起来。她的花篮又满了，青翠青翠的篮子里躺着一朵又一朵小白花。她看看原野，花不多了，都要被她采完了。是的，总有一天，花会没有的，不管她采不采。阿公以前会跟她说，好孩子，不怕，明年春天又有了。可今年阿公不跟她这样说了。

百花就这样落尽了，原野上青翠一片。熬过了夏，熬过了秋，阿公还是走了。他的鱼篓还挂在墙上，瓶子里那束白花已经只剩下干巴巴的梗了。

采花的篮子被翻了出来，阿妈劈了它，当柴火烧了。她总以为是望儿的白花把阿公送走的，她骂她，让她烧火就烧火，让她砍柴就砍柴，望儿不敢说什么。

冬日里落了雪，原野上白白的一片，鲜亮的色彩就这样全部被湮没了。望儿还想去采花，那白雪下青青的草总还在的，等明年春天，又生出来，又长白花。可她的歌呢，已经不会唱了。

2018 年 5 月 7 日于湘潭大学

异秉新编

过了清水坝往上六七里，便是一个名叫官溪江的小地方。这地方以水为名，镇里唯一的一条河流贯穿南北，无论什么时候都是一片澄碧。起初，地方的官员看中了这地盘要作为粮食储备之地，便派了军队来驻扎，故而取名官溪江，后来军队撤走，粮仓也日渐荒废，人们索性改了这地盘，建起了新的建筑，但官溪江这个名字却保留了下来。

官溪江虽小，但正应了那句“麻雀虽小，五脏俱全”，烟酒茶行米铺作坊样样都不少。西口赵家的染坊、东口王家的米店、南口陈家的酒厂是这里日常衣食的三大支柱，人称“大三元”——衣中解元、粮中会元、酒中状元。这是从古代科举制中借用过来的，从这里也可以看出这“三元”在这里口碑与威望。

这些称呼也不是完全没有根由，事实上，这地方是出过状元的，上阳李家的先祖就曾是宋朝的一位状元，官做到了正五品。只是朝代更迭，这一代也不如一代，到了李庸这一辈，就完全成了小老百姓，甚至比普通的小老百姓还要穷困潦倒。

李庸读过两年书，后来因家中窘迫便离了学堂随他父亲做起了米豆腐生意。这李家米豆腐也不知是什么时候出现的，一直稳稳当当传到了现在。读书人的传统没传下来，米豆腐的手艺倒是传了一辈又一辈，这在先辈看来是可耻的，但对于后辈来说，回顾自家辉煌的过去那是莫大的荣耀。

李庸做米豆腐已经十年了，“李家米豆腐”这块招牌在他这里也算得到了发扬光大，软、嫩、香，这是别家米豆腐达不到的水准。这也与李庸自己的耐心细致有关。他用豆子，得用那最饱满、鲜亮的，一斤的豆子被他这么一选差不多只剩下半斤。他磨豆浆、米浆都是亲力亲为，坚决不用机器，这机器磨出来省时省力，但哪有人力这样尽心呢？再加上他的配料讲究——萝卜得用巴掌大个的小红水萝卜，葱得用自家种的，辣椒得经过两三遍煸炒……这一整套流程下来，一碗三四块的米豆腐能赚的也就那么块儿八角。本小利薄，李庸的生计自然窘迫，直到现在，他还住在那间破破烂烂的小木屋里。

不过，李庸一家倒是极其能适应这种环境，他一家人都是和和气气的。妻子原是听说他读过书，为人和气，祖上又出过状元才嫁过来，过来之后看到家里这光景也不恼不恨，仍旧本本分分地做自己该做的事。她梳黑辫、穿青鞋、系蓝围布，把自己收拾得妥妥帖帖，她会钩花、会攒绣、会打络子，这些活计镇上没人能做得像她那么鲜活漂亮。她还喜欢唱香，这是她嫁过来之后才知道的习俗。

离官溪江三四里有一个雷祖殿，这是专门用来供奉神灵的地方。每年的开春、仲夏、末秋人们都要去那里拜佛，以祈求来年风调雨顺，一家平安。其中，以农历六月十九日最为壮观热闹，因为这日是观音娘娘的生日，每年这时，官溪江上上下下所有人都会去雷祖殿拜佛。

雷祖殿是一座小殿，分上下两部分。下面的是一座廊桥，横跨在河面上。廊桥不长，也就百来米。平常没事的时候有人在这上面打牌，到了拜佛的日子这里就热闹了起来，桥头两端有很多卖吃的的地方。

卖凉粉。一两块钱一碗，掺上点糖和醋，吃起来冰凉爽口。卖蒿糍粑，巴掌大个绿色的糍粑用两张橘树叶裹着，里头包着香软的红糖。卖零食和香纸，在廊桥两端各占个小摊，大声吆喝着。除此之外，还有一些卖风味小吃的，在桥外搭个简易帐篷，拼一两张桌子，锅里下着食物引诱行人。李庸也在其中，他常在廊桥前端摆个小摊卖米糕，他用不着吆喝，也用不着引诱，但生意总是最好。

这些都还只是拜佛的人，还有一批人是专门去唱香的，他们也管那个叫拜香客。香客们通常穿一身青黑的衣服，衣服外面系一条红色的围布，围布上还要用黄丝线绣一些龙云的花样。他们的头上总是扎一条黑色的缎子，手里还拿一条红色的小板凳。板凳上插着香，逢着雷祖殿的庆典，他们就端着这插香的小红板凳从河的下游一路唱到雷祖殿大殿上来。一路上，遇到神像他们还要跪拜磕头，这样一跪一唱，差不多要持续一个下午。

李庸的妻子原本不唱香，只在米糕摊旁帮衬着李庸，后来因为四年肚子都没动静，算命的人跟她说命中无子，让她去观世音娘娘面前求求。为表诚意她就加入了唱香队伍，一跪一拜到了大殿祈求观世音娘娘赐子，第二年便生了个男娃。男娃刚落地的时候，恰逢官溪江几个月的大旱有了雨水，李庸寻思着就给他取了“源”字，寓意他是这雨水的源头，也是他们一家新生活的源头。自此之后，李庸的妻子便每年都去唱香，作为还愿，同时也祈求一家人平安和顺，李源能大有出息。

年岁渐长，李源没白让他娘为他唱这么多年的香，他应了“大有出息”这个期望。他从小就爱读书，凡是有字的东西都会研究，遇到不懂的就反复琢磨请教别人，但苦于家中条件，能看的东西没那么多，就只能自己想办法去各处搜罗。他经常一个人提着蛇皮袋子去各家收破烂，凡是你不要的物什交给他，铜的铁的塑料的几角钱一斤称一称，又够他买上一两本书。至于那些带了字的或者能写字的东西，他一个都不会放过。旧报纸、旧日历、旧纸盒，一旦他看完，就开始在上面练字。

他练王羲之的行书。毛笔和墨水是用收破烂的钱买的，字帖是在一堆破烂里翻出来的，砚台、镇尺这种又贵又精的东西没有，书桌是断了半截腿用石板垫起来的吃饭用的饭桌，他常年就靠着这几副工具练字。他的字飘逸隽秀又峻严方饬，有三分草书的狂放，三分楷书的端庄，四分自创的浑厚方正，自成一家。李庸见他有能力，加上自己未完成学业，觉得愧对先祖，便把希望寄托在李源身上，一直撑着给他读到了大学。大学一读完，李源便破格被当地政府留了下来，负责当地的文化考察与资料编纂。

李源这算是半条腿迈进了官场，这在官溪江是一件大事。几百年才出的人物，偏偏都落在了李家，这是天定的吧？人们在羡慕李家的同时也不忘探究这背后的根由，渐渐地，李源神童的名号就在官溪江传开了。

工作前一天，李源回了趟家，恰逢又一个观世音娘娘生日的到来，李源便应了一家人去雷祖殿的请求，说为还愿。

李庸照常是在廊桥前摆摊，李源在一旁帮忙。日近中午，唱香的队伍渐渐过来了，来李庸这儿吃米糕的人也多了起来。他们一边吃一边谈，谈着谈着话题自然就转到了李源这儿了。

“人各有命，像李源这样的那就是命定的人，一生下来那就是与常人不同的，这叫什么，什么来着……”那人想了很久才一拍大腿道，“啊，异秉，是异秉来着。”

李源在一旁听着，笑了笑，没说什么，倒是旁边的人忍不住问，“说得这样深，到底是什么东西？”

“凡是做大事的，行大运的都有异秉。远一点的像三国里的张飞，人睁着眼睛都能睡觉；近一点的像官溪江这三元，衣中解元那赵东家生来不哭、粮中会元王东家那脖子上有米样的胎记、酒中状元陈东家——”

“嗐，问他们干嘛，读书人才清贵。”没等他说完，那人便扭头一脸神秘地问正在专心煮米糕的李庸，“庸哥，源哥儿生下来有什么特别的吗？”

李庸停下手中的活，想了很久才说，“他出生那天下了雨，算不算？”

“嗐，这下雨有什么稀奇的，世上雨天出生的孩子难道不多吗？”那人摆了摆手，一脸无趣。李庸笑了笑便拿着一把葱说去河边洗洗，留下李源在这里招呼。旁边的人笑着拉了拉那人，指着远处走来的黑压压一群唱香的人道，“人家祖上出状元，娘又会唱香，难道这还不是吗？”

“那也不是他的呀，这异秉不是自己身上的东西吗？”他不甘心，便又问李源，“源哥儿，你说说，你的异秉是什么？”

旁边人看着，都有些好奇，便一齐怂恿道，“说说，说说。”

李源招架不住众人，便看了看还在河边洗葱的李庸，清了清嗓子说，“我的异秉啊，秉承我爹的，跟他一样。”

听他这么一说，众人齐齐看向李庸，恰巧此时李庸拿着葱走了过来，众人看他面色蜡黄，衣服油腻，脚底还沾了一圈的泥，也没什么特别的。但他手里那把葱青是青，白是白，干干净净，倒是一点泥渍都没有。

2018年1月15日于湘潭大学

风雪

沙沙，沙沙，是雪在下。

北风一夜，雪花落满山头。青灰皆不见，唯有白在脚下延展。

枯黄的茅草倒伏一旁，根茎被白雪覆盖着，叶尖凝着透明的水珠。风来了，呼啦一声，草叶颤动，水珠飞扬。落在白雪上，叮一声，濡湿一大片。这不得不令人想起秋天，风一来，满山头的草叶扬动，一浪一浪，金黄摇曳。松针铺满了小道，松果落在草叶里，一踩，“咔”的一声，清清脆脆。

然而这是寒冬。

寒枝凋敝，群鸟寂灭，一切都裹在白雪中，唯有风，从山的那头吹到山的这头，呼啦啦的，大地颤动。天高高的，苍白而萧索，云一朵叠着一朵，像翻滚的浪花，卷起的却是灰色的波涛。波涛之下，一种极细微的声响在颤动。

沙沙，沙沙，那是雪的声音。落在斗笠上，比风要重，比雨要轻，沙沙地作响。

咯吱，咯吱，那也是雪的声音。响在山道上，一顿，一响，像远古时期的调子，缓慢而悠长。

一双黝黑发亮的油鞋，一顶灰黄陈旧的斗笠，一根坚实圆润的扁担，那是谁家的孩子呢？走得这样匆忙。

咯吱，咯吱，雪声在山道上回响。

下山，过廊桥，绕石墩，溪水哗哗地流淌。雾气漫上来了，笼罩在水面上，白茫茫的一片。溪水河畔的棒槌声已经没了，串着铃铛的银镯子也不见了，是在家里烤火吧，红红的火苗映衬着鸭蛋似的脸庞，红润润的。

喝一口溪水吧，他停下来，忆起了往年尝过的溪水味道。这水是这样的甜，他喝了一口，差点要溺死在这甘甜里。红肿的手指伸出来，一节一节没入溪水中，水温温的，细腻而柔软。

穿篱墙，跨沟渠，黄白交错的小路在雾里若隐若现。田地还是整齐的一片，油菜苗儿还没长上来，那扑闪着亮晶晶雪珠儿的翡翠叶正安安静静地窝在白雪中，它还在做梦。是梦到来年一身明黄的穿戴吧，这样香甜，连风都扰不醒。

风来了呀，斗笠一抖，便抖下一团白白的雪。扁担两头，布袋上已经化开了一片水渍。歇？还是走？也不过是一卷烟的时间，咯吱，咯吱，又在田埂上响起了。

沙沙，沙沙，雪落在竹林里。这比山上的雪声细密多了，像被母亲手里的筛子筛过一样。石阶滑呢，你可得小心着点哦。

去年这不是还覆着苍苍翠翠的青苔吗？绿意是从脚底往天空延展的。那绿去了哪里呢？是怨怪人不常来看望吗？莫恼，莫急，在那漏空的交错的地带，那手指头似的点点的绿还在呢。绿意仍是从脚底往天空延展，与旧时一样。

沙沙的弥响在竹林里穿行。转过一个弯，再转过一个弯，屋舍终于显露出来。在一丛竹林中，绿和白交织的地方，低矮的木房仍旧在那里，披着绿蓑衣，带着白斗笠，迎风而立。风雪来了，呼啦啦，沙哩哩，黄狗汪汪叫个不停。一弯弦月挂在一片竹叶上，清白明亮。

该停了吧，他嗫嚅着。风雪止了，哗啦啦，沙哩哩止了，黄狗的汪汪声止了，咯吱咯吱也止了。陈旧的门吱呀一声被拉开，屋里亮起了暖黄色的灯。

2018 年 1 月 31 日于家中

初雪

雪落下了。飞飏，飞飏，整个世界都是白的。

村庄还没有醒来，老旧的木板门仍旧紧闭着。小狗崽在窝里翻了个身，从老黄狗身上跌落下来，发出梦呓般的叫声。黄狗醒了，睁了睁眼，又闭了。远处，有些微白色的光亮。

雪下的有些猛，大朵大朵地落。屋瓦上一处缝隙也没有，白茫茫的一片。房檐上下结满了冰棱子，透明的，晶莹的，映照着黑黄的土墙。土墙坍了一半，右角用几块木板挡着，下方是一些坍倒的土砖，被雪覆盖着。

雪还在下。

门开了。屋里走出一个端着木盆的老人。她呵了口气，放下木盆，来到摇井旁摇水。摇井被冻住了，她摇了几次都没摇动。另一个老人出来，趿着鞋，走到井边用力摇了摇，摇井闷哼几声后，水终于出来了。哗啦啦的水从摇井口子里出来，在盆里激起一片雪样的白浪，摇井旁很快就升起了白雾。两个老人在这白雾里洗了脸。男的进去生火，女的站在摇井边上梳头。

屋子里光线很暗，老人在火盆里架好木柴，然后从身边的箩筐里抓来一把松针，用火柴点着，丢进火盆里。白烟起了，柴木哔哔剥剥地响。老人坐在火盆旁，一边用铁铗拨着柴火，一边望着上方。

上方是一圈腊肉。皮面是黑红的，肉间是黄的，这黄中还带着点红，跟他手背的颜色一样。他坐在那里，眼睛紧紧盯着腊肉，火舌苗在他眼中闪烁。火光越来越热，腊肉皮面起了一层薄薄的油。他站起来，用铁铗飞快地翻了翻腊肉，然后又放了下去。

屋子里很亮堂，也很暖和。借着火光，能看清里面的样貌。一张桌子，几张矮凳，墙壁上还贴着几张崭新的年画。桌上摆着一个铁皮茶壶，几只碗，都是发了黄的。茶已经凉了，却还有股香味，老人走过去倒了碗凉茶喝下，然后顺手拿起桌上的信读了起来。那是一封崭新的，昨日才拆过的信。老人小心翼翼地把信纸抽出来，鲜红的线条就着蓝色的墨水字一点点跃进他眼睛里。末了，又把信装好，小心翼翼地放进桌下的抽屉里。火光照在他的脸上，暖融融的。

他走出来的时候，那个老人还在梳头。干枯的手指夹着一根橡皮筋，却冻得颤颤的，怎么也绑不上去。他走过去，接过橡皮筋轻轻帮她把头发绑好，然后取下墙上的鱼篓，挎在腰间。他要出去了，她抬头看了看屋外下着的雪，给他找了斗笠和油鞋。

雪还在下，落在他斗笠上，轻飘飘的。他背着鱼篓，一脚一脚踩进雪里，油鞋伸进雪里发出咯吱咯吱的声音。

泥巴路被雪盖住了，田野里，水潭子结了一层冰，油菜苗窝在一堆雪中，白中显出几片鲜嫩的绿色。瑞雪兆丰年。老人从兜里摸出一袋烟丝，又拿出一张裁好的纸，平铺上去，卷好，点燃，然后吧嗒吧嗒地抽了起来。烟雾在他眼中缭绕。

到了江边，江还是青的。远远的山顶白了一片，却没有把这白延伸下来。树木一层白一层灰，一排排站在江边，尖梢上结着细细的冰碴子。老人看到了那只船，船上也铺着一层雪。他走上去，用竹篙拨了拨雪，然后撑开，把船划到了江心。青色的网被丢在船尾，他拿起来抖了抖上面的雪，扔进水里，然后坐在湿湿的船板上抽烟。

烟升起来了，萦绕在坍倒的土墙上。米已经下到了锅里，灶里燃着一把火，黄狗和他的小狗崽们趴在灰堆里，又睡了。雪没有停，她站在窗前看了会儿，然后从门后拿起扫帚走到门前扫起雪来。雪落在她衣服上，灰白的一片。这样一场雪，谁都没个闲。

太阳出来了，江面银光闪烁。老人收了网，把网上的鱼一条条摘下来扔进鱼篓子里。鱼篓里白晃晃的，一堆鲜物活蹦乱跳。小船又回到了江边，他摇了摇鱼篓子，听了听里头唰唰的声音，上了岸。

雪还是那么大。雪地里只有他一个人的脚印子，之前的脚印子已经没了。雪落在他斗笠上，白白的一片。他抬起头，望见村庄上空升起了白烟。

雪在下着，飞飏，飞飏，整个世界都是白的。

2017 年 11 月 23 日于湘潭大学

阿婆与山

阿婆的手

暑假又到了，妈让华儿去山里陪阿婆，华儿很爽快就答应了。

山里的路可真难走呵，妈和华儿翻过好几座山丘才看到藏在一大片李树中的小房子。到阿婆家门口的时候，阿婆正挑了一担水往这边来，看到她们，就喊着说让她们先在门口坐一会儿，自己便赶着大黄狗一晃一晃地走了过来。华儿觉得腿酸酸的，让妈揉，妈不肯，华儿就赌气坐在门口，不理妈。

“腿酸了吧。”阿婆说着从桶里鞠了一捧水，倒在华儿的腿上。阿婆倒的水可真清凉呀，浸着腿，有种酥麻麻的感觉。“刚从井里舀上来的，凉快着呢。”阿婆说着又替华儿揉了揉酸的腿。阿婆的手很粗，但又很软，像华儿吃过的棉花糖那么软。她轻轻地在华儿腿上揉了揉，华儿的腿立马就不疼了。“阿婆，你的手是棉花糖做的吗?”华儿问。妈和阿婆都笑了。

绿凉粉

傍晚的时候，阿婆收拾了下竹篓，跟华儿说明天要去山上采凉粉叶做绿凉粉。

绿凉粉是什么味道的呢？华儿从来没尝过。她一遍遍问阿婆，可阿婆总是一句话——明天就知道了。明天还有多久呢？华儿一边想着，一边在心里数着数。华儿以前睡不着，妈就让华儿数数，从一数到一百，天就亮了。华儿数着数着就睡着了，她做了一个梦，梦里全是绿凉粉的味道。

“明天”终于到了，华儿拿着小刀，兴奋地跟外婆上了山。山上幽静静的，又很凉爽。她们在丛中找到一簇绿色的小叶子，阿婆说这就是凉粉叶了，于是华儿就拿着小刀轻轻地把凉粉枝割下来扔进阿婆的竹篓里。

回家后阿婆把枝上的叶子摘下来用白色布袋子装着，然后舀来一大盆凉水，把布袋放在水里揉。不一会儿，水就变成了绿色的了。

“阿婆，这凉粉怎么是绿的？”

“绿叶子揉出来当然是绿的了。”阿婆又掺了一勺水进去，用手指搅了搅，然后把华儿搭在盆上的手移了进来，说，“你搅搅，看像什么。”

于是华儿把一双手都伸了进去，搅了半天才抬起那双沾着凉粉的手笑嘻嘻地说，“像绿色的鼻涕”。

大黄狗

阿婆的身边有一只大黄狗，可华儿怎么喊它，它都不过来。华儿经常蹲在门前唤它，“狗，狗，你过来。”可它总不理华儿。阿婆告诉华儿说它叫毛毛，她要叫它毛毛它才会应她。于是，华儿便整日追着大黄狗一个劲儿地叫毛毛。

毛毛身上的毛很多，又厚又软。“怪不得你要叫毛毛。”华儿总是一边给毛毛梳着毛一边这样说，“你看看你的头发，比我还多呐。”华儿拿出橡皮筋要给毛毛扎辫子，可毛毛总是会趁机溜走。

“你呀你，真是个不让人省心的毛毛。”华儿像妈经常说她那样地说毛毛。可毛毛也像华儿一样，仍旧是不让人省心。

到了八月，毛毛生了一堆小毛毛。它们闭着眼睛躺在草垛里，身子小小的，跟爸的巴掌一样大。华儿用手轻轻抚摸着它们，感觉它们软绵绵，毛茸茸的，像一团小毛球。“以后，你们就是小毛毛了。”华儿抱着它们宠溺地说。

星星和萤火虫

阿婆家的夜空好多星星，这是华儿来这里的一个重大发现。

晚上，阿婆把小竹床搬到了晒谷场，华儿和阿婆就在晒谷场上纳起了凉。

“阿婆，天上怎么那么多星星？”华儿翻了个身，趴在阿婆身边问。

“天上的星星就是地上的人，你看地上有那么多人，天上就有那么多星星了。”

“地上有很多人吗?”

阿婆打了个哈欠，轻轻嗯了一声。

“那为什么我只看到你和我呢?”

阿婆默不作声。华儿又指着田野里那些一闪一闪的小精灵问道，“阿婆，那是什么?”

阿婆抬头望了眼说，“萤火虫。”

“萤火虫也是星星么?”

“不是。”

“那它为什么也会闪呢?”

“呼……”

身边传来了阿婆沉稳恬然的鼾声。

吃瓜

清晨，阿婆从地里捧来两个大西瓜，叫华儿来吃瓜。

阿婆把瓜放在凉水里洗了洗，又冰了冰，这才拿刀开始切。

“我不要吃一片一片的。”华儿说。

“不一片一片切，那怎么切?”

“从中间切，你吃一半，我吃一半。”

“中间怎么吃?”

“用勺子。”华儿说着从厨房拿来两个勺子，递给阿婆一个。于是阿婆把西瓜往中间切了一刀，一半留给自己，一半给了华儿。

切开的西瓜红扑扑的，还有些黢黑的瓜籽在里头。

“小孩子吃不得瓜籽。”阿婆舀了一勺西瓜说。

华儿捧着西瓜，仰头问，“为什么?”

“吃了瓜籽肚子里头会长瓜。”

华儿一听，急忙跑到厨房舀了三四勺凉水喝下，阿婆问她喝那么多水干嘛，华儿一边喝一边说，“下场雨，淹死它。”

摘李子

李子到了成熟的时候了，华儿叫阿婆带她去摘李子。阿婆挑了根长竹竿，背上背篓，就带着华儿去摘李子了。

李子树可真高呀，华儿踮足了脚伸长了手却怎么也够不着。阿婆拿出竹竿对华儿说，“看着”。然后在树上轻轻打了几下，树下就下起了一场李子雨。

华儿一边在树下欢快地捡着，一边喊着哎哟，李子全砸到她脑袋上啦！阿婆呵呵地笑着，华儿也咯咯地笑着。

阿婆说树上还有，打不到了。华儿就脱下鞋爬到了树上，树上的李子真多，一个个水灵灵、亮晶晶的，还散发着诱人的香气。华儿一边摘一边吃，阿婆在底下看着说，小馋鬼，你快把整棵树都吃下去了。

华儿乐呵呵地笑了，那天饱得她差点下不来树。

回家

暑假过去了，妈来接华儿。外婆把华儿送到山外，又往她兜里塞了把李子说，“下次你再来，我们还去摘李子”。

华儿点了点头。

外婆又把一只小毛毛放到华儿怀里，“下次你再来，还给你带一只小毛毛”。

华儿点了点头。

“还有，下次吃瓜，我们还一人一半……”

山里的风呼啦啦的，阿婆的话华儿听不清了。

李子树越来越小，小房子也越来越远，华儿抱着小毛毛在山道上慢慢地走着，冷不丁回头看了眼阿婆，当看到她小小的身影孤孤单单地站在门口时，华儿哇地一声就哭了。

2016 年 12 月 20 日于湘潭大学

旧时年味

一到下雪的日子，心里总会记挂起过年。这非是过年必会下雪，只是一冷起来就觉着周边少了些生气，总想着多些人在一块才好，汪曾祺写“家人闲坐，灯火可亲”，这是很应景的一句话。

“儿童强不睡，相守夜欢哗”，其实欢哗的也不只是儿童，大人有时来了兴致摆上一桌牌往往可以玩到天亮，那比儿童还要欢哗。过年是很热闹的，无论是孩童还是老人，从腊月二十三开始到正月初六七，这期间人人好像都没有一刻闲暇。

记得每年腊月二十七那天，母亲都会早早去集上置办过年用的东西，这在我们那边叫赶场，也即赶集，每逢农历的“二、七”一次，五天一轮。腊月二十七是一年中最后一场，街上往往是围堵得水泄不通，说到底还是街小人多，挤不开。这其实不同于城市里的逛街，街是每日都可逛的，逛久了也没新鲜感，而赶场因多了五日的等待，于人好像则更珍贵些。幼时记得赶场的日子里还有人在路边耍杂技，做米卷，吹乌拉乌拉的海螺，这些都是能勾起孩童兴趣的。最有趣的是玩套金鱼的游戏，一块钱四根环，立在白线外扔环，套住哪一瓶小金鱼就归你，我只是在旁边见过，因为没得钱往那处花，母亲也不允许我玩那样的游戏。

腊月赶场最要紧的一件事是买衣服。桥东头下面是衣服场，一个类似走廊的地方，这两边没有墙，但都被衣服围得严严实实，只留下中间一条可以走的路。衣服一般都是直接挂在外边，一排排下来，一个样式好几件。过年是需要穿新衣的，腊月三十那天，全家人排着队洗澡，穿新衣，大灶里的火从来没有停过。大人总觉得孩子是怕冷的，母亲很爱给我裹严实，棉衣有时要穿两件，其实我不爱，因为我好动，穿太多行动起来总觉不便。但我不穿，母亲就说不穿，那就别去外婆家拜年，于是才不得已把自己裹得像个雪球。

春联亦是年年有的。以往都是妈在灶房里做饭，爸则带我和姐姐去糊春联。糊春联要用糍粑糊，把糍粑剪碎和水一起混煮，熬得黏黏糊糊的，然后才涂在门上。每一年的对联其实都差不多，都是些“天增岁月人增寿，春满乾坤福满门”“阖家欢乐”“吉祥如意”等。大人总喜欢用上面的字考我，我几乎都能认全，但也有不认识的时候，父亲那时就会说我“读的什么书，这些字都不认识”，然后让我回头查字典。有时父亲还会讲那些门神的故事，比如秦叔宝，尉迟恭，又问我他们各使的什么兵器，我答不上来，就让我好好读书。父亲还好几次跟我说长大了让我自己写对联，但我既知自己的能力，就只含含糊糊地应着。

到吃饭的时候就轻松起来了，四方桌摆在正堂里，每个人的碗中先盛好饭，然后放爆竹，烧香，点纸，等祭完先祖我们再吃。其实我家的年夜饭一直是很冷清的，父亲虽然还有个兄长，但不是一母所出，而且多年来关系一直不合。每次除夕，只有我们一家五口，说话吃饭总觉寥落，没个热闹劲。且父亲喜欢饮酒，家中只有他一人饮，气氛也热络不起来。有几年我们家叫了大伯以及几个堂兄过来一起吃饭，他们男的喝酒说说笑笑，我们在一旁听着，这才觉得有了过年的气氛。我是很爱这种热闹的，因为一旦家中有了客人，父亲就无暇顾及我，不然他总是要审我功课。

到晚上，外面有人放烟花，我们亦不出去看，只守着电视。我们家从不放烟花，我小时候第一次玩烟花还是在城里一个小娘娘家。晚上她的小孙女带我去楼下买了好多小型的烟花，有许多名字，但我现在都记不得，只知道有一个叫什么“蝴蝶”，嗤地飞一下，很快就灭了。“烟花易冷，转瞬即逝”，其实那时是有些感觉的。我们那次在楼下玩了好久，后来没玩够就把小烟花搬到家里去放，差点把电视机烧着，实在是因为在外做客父亲才忍着没打我，之后就再也没敢玩烟花。

但爆竹我是玩的。小的时候学校外边卖一种叫摔炮的爆竹，男生喜欢买来往女生脚底下摔，一摔就一响，把女生吓得哇哇大哭。我也摔过这种爆竹，当时只听得见声音响就觉得没什么意思。我喜欢玩的是鞭炮，当然不是一整串的那种。有时一些人家有了红白喜事，人人一来放一串鞭炮，地上就会有一堆散碎的爆竹。我们在里面找那些完整的，拿个塑料碗一颗一颗捡起来，自己点一根香去旁边放。另外一种最受小孩喜欢的大约是叫“王中王”还是什么，只记得外面是印着电视剧里《西游记》师徒几人取经的样子，打开一盒里面有很多，从小到大，有“小炮”“中炮”“花炮”和“王炮”这些，每一种威力不同。我们有时不单单是把它扔在路边等它炸掉，而是把它点燃，等火灭了，烟起了，然后扔进池塘里，看它能炸起多高的水花。大人也不允许我玩这个，一个是觉得女孩子不应该玩爆竹，另一个是觉得这实在费钱。但我记得有一次表哥来我家，我带他去买了一盒爆竹，一路走回来一路放，那样子好不威风。

过年的夜里也是很热闹的，几乎家家都会串门。我幼时很爱四处跑，但大人却不允许我夜里出门，更不准我在别家过夜。我只记得唯一一次玩得比较疯的是在我堂哥哥结婚的时候，爸妈都去他家打牌，我也就跟着出来和小伙伴在外面捉迷藏。那次没有限定范围，我们中有些人就躲到人家家里或者楼顶去了，我和两个人往山上去，夜里又黑又冷，我们打着手电筒一路疯跑，等跑累了就蹲在山道上等他们消息。可是等了很久都没听到下面人喊找到谁，后来下去才知道他们早就不玩了。父母知道我那次疯玩后也加大了管束的力度，晚上只准我在家里。

在家里除了看电视也没别的可玩。以前修金娘娘在的时候，晚上也会经常来我们家，母亲就会抓一盘瓜子糖果还有炸酥的油糍粑出来给修金娘娘吃。还有一些舞龙灯的，夜里会舞到家中来，从正堂进去，说一串吉祥话，然后从灶房出去。他们舞的龙其实不是一条完整的，而是用纸扎成的一截一截的，下面戳一条竹竿子。龙要出家门的时候母亲就会把早早准备的糍粑香烟拿出来，送给这群人。

过年一旦不出去，我就觉得十分冷清，所以时常问母亲什么时候去外婆家。外婆家是十分热闹的，外婆生了七个儿女，除了夭折的一个，还有满姨姨远嫁，每年过年的时候都有十几个人在一处。我大伯有三个儿女，姨娘有两个，五舅舅有两个，六舅舅以前没娶亲时还没有，我就是外婆那边最小的一个，所以跟我年纪差不多少的都是我的哥哥姐姐，他们都待我极好。

在外婆家其实能玩的东西不多，大多时候就是大家坐在一起说说话，有时候会打一点牌。外婆家里没有电视，也没有木炭。

以前过年的时候，在屋里烧的就是一盆柴火，屋里经常烟雾缭绕，我一直觉得外婆家的腊肉熏得那样黑跟火有莫大关系。在外婆家吃饭是很让人高兴的一件事，因为人多，菜也多。大人往往是坐在桌上吃，我们小孩都是夹好菜端着碗跑到外边去，一边吃一边玩爆竹。以往在家里父亲对我和姐姐管束较严，从不许我们做越矩的事，在这里被束缚的天性也就都得到了释放。

在外婆那边我们一般也睡得较早，所以经常觉得夜太长，有时他们就窝在被子讲故事，我尚且记得的有老鼠偷猪油的故事以及十二生肖排位的故事，狼外婆的故事也是那时听到的，他们说狼外婆会在夜里啃小孩的指甲和手，我听后，睡前就真会竖起耳朵听动静，生怕身边睡的谁被吃掉。有时候听着听着就睡着了，但天还没亮又会醒，往往这时，还能听到母亲在和外婆说话。到要回家了，外婆就会往我和姐姐的兜里塞钱，母亲总是说不要不要，但是走到了半路总让我们交出来给她保管。

旧时的年还有许多可说的，但似乎都想不太起来。以前总想着过年要热闹热闹，但现在再怎样好像都热闹不起来，也好像不太爱这样的热闹，只是旧时过年那样的氛围时常让人怀念。

2019 年 1 月 3 日于湘潭大学

韶音

记得幼时，姐姐爱吹竖笛，母亲让我们去池塘边守鸭子，姐姐就拿着一把竖笛，一本乐谱，一张小板凳，一边坐在池塘边吹，一边教我唱歌。那时还未得启蒙，看不懂乐谱，也认不得字，但会跟着旋律哼。名字大多都记得，只是实在不知道唱的内容是什么。卖报歌是每日都有的，茉莉花，酒干倘卖无，小城故事，十送红军……那都是在《老歌经典》中找的。到天黑了，要赶鸭子回家了，姐姐拿一根长竹苕在前面赶，我就在旁边唱，“门前大桥下，游过一群鸭，快来快来数一数，二四六七八。”其实那也不算唱，只是念了一遍而已，而后姐姐问，“你数一数，我们家这是多少只?”我就数不上来了。

春天来了，池塘边的柳树发了新芽，把一池塘都衬得水绿水绿。那里还有几棵大槐，开一簇簇的白花，白绿交织着，又清新又明亮。姐姐有时会折些柳枝，把槐花插上去，给我做头环，然后又编一个花篮，教我唱：“编，编花篮，编个花篮上南山……”上南山之后呢？好像就没有后文了。等到了夏天，太阳那样大，那样圆，晒得人头晕了，姐姐就拿刀砍几条刺槐，在槐树底下随便一搭，就成了一个凉棚。我们成日在凉棚里唱歌，看着鸭子在池塘里戏水，一忽儿间一天就过去了。

等稍大一点的时候，去了学堂，老师开始教唱歌。没有专门的音乐书，老师就把字写在黑板上，叫我们抄下来。那都是些随口就能唱来的歌，像丢手绢、小燕子、找朋友这些，都是可以在游戏中唱出来的。我有时爱故意改调子，老师说“错了错了，不是你这样唱”，我就说，“没错没错，就是这样唱。”老师也拿我没法子。

因为这些，小时候大人们都爱叫我“小精怪”，因为我小时候爱闹腾，总是会有些稀奇古怪的想法。记得有一次我把母亲藏在衣柜中的纱巾翻了出来，搭在肩上，然后去母亲跟前唱歌跳舞。我自以为是跳得好的，但母亲骂了我，因为我弄脏了她的纱巾，后来纱巾也被母亲换了地方，我找了好久都没找到。

说起舞来，便又记起一个常来卖鸡蛋的伯伯，因为幼时只有他爱看我跳舞。记得他每次来，肩上都会担两只箩筐，里面是用硬纸盒装着的一颗颗红皮鸡蛋。他不像补锅的那些人，行走时夹着一串嘹亮的喊声，“补锅，补锅～”，然后“噔噔”敲两声，好让全村的人都听见。他是挨家挨户地问，“要鸡蛋吗？”就这么一家一户地问过去。他来我家了，我高兴，围着他上蹿下跳，然后他就说，“你这个精怪，要跳舞给我吗？”于是我就跳舞给他看，还要扯着嗓子咿咿哦哦唱两句，他从来都是说好。有时他也会给我称重，问我说“要提三百斤吗？”我说要，他就夹着我一只胳膊把我提起来，然后说，“多吃点咧，养哈巴狗！”那时虽然不懂“养哈巴狗”是什么意思，但总觉得那是在夸我。要是有别的小孩也在场，他就把鸡蛋腾出来让我们一人坐一只箩筐，把我们担起来称重。我幼时一直觉得自己有舞蹈家的天赋，直到后来再没见到他，也就再没跳过舞。

我还喜欢自己写歌。其实那时连“duo re mi fa so la xi ”是什么都不知道，只是写一串歌词，今日唱是这个调，明日唱是那个调，从来没个正谱。我至今还记得写的第一首歌，是写那片池塘，歌词后半部分记不清，只记得起句是“池塘里的小青蛙，呱呱呱呱叫”，到后面有一句“我问你，为什么”，其余的就全模糊在记忆中了。

我幼时爱听的歌多是轻快的，爱那些像泉水从山涧里喷溅出来的声音，得淙淙地哗啦啦地流下来才觉得畅快。但到了大学，开始听慢歌，甚至是无歌词的歌。因为此前父亲说我性格浮躁，我自察过往，确是如此，便开始找这些纯净幽缓的音乐来听。记得最爱的一首是李维的《殇》，大提琴配着人声哼唱，有一种幽怨渺茫，仿若一切诉说不尽之感。有朋友说这曲子太过悲凉，实则他们不知，越是这样悲凉的曲子越能荡涤人心，最后空空怅怅了，心便静了。

大一的时候还想学一门乐器，我师父便带我找了学校的器乐协会。我师父擅长古筝，她出自江南，其实只要她一坐下，手一沾上古筝，那身上的江南韵味就出来了。但我不愿学古筝，这并非我不爱，只是相比之下，我对竹制的乐器更感兴趣。“君子类竹”，其实不记得是在哪里看到这句，但时时刻刻都在脑海里，但凡是和“竹”联系在一起的，我都爱。我喜欢箫，因为箫的声音够沉缓，够柔和，温温润润的，就像器乐中的君子一样，温润如玉。

但那时学长学姐们教我的是笛子。我的第一支笛子是一位学长托人给我做的，上面还刻着纪晓岚的一首诗：山色空蒙淡似烟，参差绿到大江边。斜阳流水推篷坐，处处随人欲上船。我喜欢水，拿到了笛子便想，音色若如水，那笛子便是好笛子。

但我从来都没吹出如水的感觉。此前一直以为笛子吹来容易，后来才发现，准确吹出七个音调，都能花人半月的时间。尚且记得每日清晨六点，他们带我去新体的后门边练发音，太阳照在脚底下了，我们就去上课。一路上踩着阳光又总想起旋梯的那首诗，“总有一天，我们走过的叶子路都会变成金色的殿堂。”我觉得自己真是在做一件神圣的事，因为这，便觉得周围的一切也连带着神圣起来，就连那日光，都仿若是从峡谷里喷薄出来的带了神秘色彩的光。

等学长学姐也走了，自己便只在没人的时候拿出来吹吹，别人大概是听不懂的，因为尚且不懂节拍，一首曲子常吹得乱七八糟。但自己是知晓的，这便够了。记得《陶渊明传》中有这样一段：“渊明不解音律，而蓄无弦琴一张。每酒适，辄抚弄以寄其意。”古人尚且如此，我自然也是。只是尚且没有五柳先生那样的胸襟，人一多，便收笛敛意。有知道我学笛的朋友常来问我，教我吹一段给他听，若非是知我过往顽劣的人，万万不敢与他卖弄，自己火候如何，自己心知肚明，便嘻嘻答曰：“只可自怡悦，不堪持赠君。”

2019 年 2 月 25 日于湘潭大学

小园芳录

大约是中学的时候，记得老师给我们讲归有光的《项脊轩志》，一开始并不讲作者朝代，也不讲文章大略，只从文末“庭有枇杷树，吾妻死之年所手植也，今已亭亭如盖矣”这句讲起。老师说此句最具深意，最富深情，为怀人忆事中不可多得的佳句。彼时年纪尚小，对于睹物思人，亡亲之痛这些实则是不太清楚，只因对“庭有枇杷树，今已亭亭如盖”喜欢得紧，便总觉得庭前屋后该要种些花草树木。

记得旧时家门前有一片小园，左不过和厨房一样宽大。中国人讲“前不栽桑，后不栽柳”，这是风水之说，陶渊明的《归园田居》中也写“榆柳荫后檐，桃李罗堂前”，可见房前屋后种些什么都有一定的讲究。因此，大人不许我们乱种树，门前有的只桃树一棵，香椿两株，其余的都是些别的花花草草。

桃树是长在低一点的地方，挨着水坑，瘦瘦弱弱的，一直都没长大，却也结几个果子。桃树开花的样子其实我不大记得，唯独只记得它结果子的情景。桃树小，结的果子也小，母亲说那是乌桃，我们等夏天到了去树下看，结出的果子果然是乌红。我们跑去问大人为什么独这里的桃子这样红，大人说不清，被我们缠得烦了就随便编了故事骗我们，说那树是吸着人血长大，所以才那样血红。我们一开始听着还有些怕，不敢去摘，但日子久了便忘了，年年还是摘那树上的桃吃。

另两株香椿树是长在上面的，挨着门，长得高高大大。我小时候吃饭就经常在香椿树下搭一张高凳，一边玩耍一边吃。那时也不知道那就是香椿，过家家时爱用它的叶子做菜，一刀切下去只觉得香，以为它同路边那些花花草草也没什么两样，只是每次春天来了，就会看到母亲用一根几人高的竹竿去打尖上的香椿。竹竿上用绳子绑了一柄镰刀，瞧上了哪一丛，就伸过去割下来，有时用力过猛连着枝干也从中折断。我不大爱吃椿菜，母亲有时就是用水一焯，油盐一滚拌上辣椒就吃，但我不太爱那个味，有时做鱼了，香椿放进鱼里这才肯吃。吃则不爱吃，但每逢打椿的日子我必要拿个小筛罗去下面捡，其实也只是为凑个趣。母亲说我就是爱玩，这句话其实说得最对。

还有些花草，都是姐姐种的。最多的是凤仙花，有鲜红，粉红，水红这些，颜色深浅不一。丽萍说那可以染指甲，便等花开的时候摘下来，用水沾着贴在指甲上，等花干了指甲也就红了。只是我的指甲从来没染红一次，丽萍说我太心急，总等不到花干就要把花瓣掀开看看，后来才知道指甲并不是这样染。另一些是映山红，那是三四月份的时候姐姐去山上挖回来的，等开了，鲜红的一片。还有一种，是兰花，兰花长得怎样我不大在意，只是对他们教我的那首《兰花草》十分喜欢。书上讲兰是花中四君子，可我一想到兰就总想到有一个背背篓的小姑娘，因为开头一句就是“我从山中来，带着兰花草”，我爱那个侍候兰草的小姑娘胜过爱兰草。姐姐很爱种花，我记得的还有菊花，是拿一个盆养着，秋天来了开得明黄，姐姐说那还可以用来泡茶。还有鸢尾，像蝴蝶一样漂亮，那时我们都叫它蝴蝶花。还有一些我大约是记不得名字了，总之就是门前一片都种着，一年四季都有得看。

“上有所行，下必效之”，因此等姐姐外出工作后，我也开始种花草。只是可惜我没姐姐那样的耐性，种下的都没有活。之前听人说柳树容易活，只需插在土里就行，便也在春天折了好些柳枝一排排插着，后来觉得这样不够，看到桃花漂亮，便也学着折几枝桃花在门前插着，还有槐树，插的竟然是一串串槐花，现在想来，都是些小孩稚气，也难怪活不成。

此外，不知从什么时候起，家门前又多了一棵花椒树，母亲每次做菜的时候就喊我说，“去，摘一把花椒来。”我就当真摘了一把花椒叶来，母亲那时又要怪我摘得太多。有时也会要花椒籽，那是做鱼鸭的时候用得多。花椒很香，屈原《九歌·湘夫人》中写“孙壁兮紫檀，播芳椒兮成堂”，芳椒能入他的堂，想必还是因为那芳香。但花椒吃起来味道不大好，麻麻辣辣的，可大人们总说能解毒，多吃些总没有坏处。

这些都还是些屋前种的，低低矮矮，用作观赏。屋后也有一片空地，一畦种着橘树，枇杷树，还有一畦种着洋姜。记得爷爷还在的时候，一家人会去地里刨姜，挖回来洗干净了，切成一片一片做菜吃，或者腌起来留待日后。空地旁还有一个坡，长着一排苇子，每年端午节前母亲必要去那里摘苇叶，一筐一筐地叠得整齐，然后搬到河边去洗。等洗净了再拿绳子扎起来，用大石块压平实，等到端午那天再拿出来包粽子。

大人包大粽子，小人就包小粽子。每年端午，我们这些孩子也会找一些竹叶子来包粽子，当然我们里面包的都是些泥沙之类。

我家后面也有一片竹林，是住我家上面的大伯伯种的。每年春天到了，我们会去那里找竹笋。其实那里长的并不是我们常说的春笋，而是麻竹笋，吃起来有点麻舌头，但还是爱着。我从幼时开始就很喜欢竹，总觉得它十分好，但好在哪里又说不出来，直到近来读胡兰成的一篇文章，看到他在书中说，“竹子的好处是一个‘疏’字，太阳照进竹林里，真是个疏疏斜阳疏疏竹，千竿万竿皆是人世的悠远”，当时就觉得他是真正懂竹的好的人，这许多年的困惑尽被他解了，从此觉得他的文章真是好文章。

现下有时也会去后面竹林里走走看看，以前的那些小竹笋现已抽了枝芽，都长成了竹子，竹林是越长越大了，只是后院里橘树都没了，枇杷树也被砍了，那一畦洋姜自爷爷去世后也没人再种了。还有姐姐种的那些花，前坪糊了水泥后一应花草全都埋在泥土之下了。还有后园那些，前几年母亲从外婆那里移来几棵李树种下，一开始还开些花结些果，后来索性也不开花结果了。

2019 年 1 月 8 日于湘潭大学

山河岁月

每到一处，见了河流，总叫我生出一丝难言的怅惘。像许浑的“日暮酒醒人已远，满天风雨下西楼”，不知怎么，心里总是灰蒙蒙地布着雨丝，淌满湿漉漉的念想。

我是自小就与水相亲。在五六岁时，我跟随邻家孩童去河里捉螃蟹，母亲骂我乱跑，我也不听，只打着赤脚，提着玻璃罐，跌跌撞撞地跟在大孩子后面翻岩石。那时，我曾天真地以为这捉螃蟹的人这样地多，我是连一罐都捉不到的。可直到有一天，当我独自提着玻璃罐到了河边，望着那潺湲的溪水，我竟坐在草地上喟叹了一个下午。放哞哞的人牵着哞哞涉水而过，又涉水而回，却也不知这少年的漠漠轻愁。

而这河流，虽知人的烦难，却总是这样贞静，终日里只含羞静默。偶尔来了浣衣的妇女，敲响手中的捣衣棒，拉起家常来，这才有了人世喜乐的热闹场景。我对于这样的场景印象极深，因也常伴母亲去河里浣衣，便知她们的人世好恶总在河边倾吐，随水一荡，便不见影踪。

母亲极朴素，唯腕间两只碧色的玉镯叮叮当当，华丽悠扬。我曾无比艳羡，望有日能得到那双玉镯，因女性的物件，总教人生发多种念想，想起纳兰写“转过回阑叩玉钗”，也正如这样细腻婉转，那脉脉的情思，原是世间人与人所共有，再无法剪除。后来某日在匣子里翻到一只，不过断为两节，也便再没闻过那环佩叮当的音乐。而那捣衣声，是那样充满力量与柔情，常叫我在面对溪水时不断空忆起。

又时常想起紫云英、星星花、如意草这些绵延河畔的芳菲之物。乐府有诗：“青青河畔草，绵绵思远道”，初读时不解这明媚春色如何就到了思远道的境地，后来才知这真是写离情愁思的好句。我亦是年年见河畔草翠，却渐少了同行的人，也便只能空对着青青草思远道了。

幼时，对这些芳菲也只是见得它的美，而不懂万物皆生命，于是便常采这些花草编手环，必要五彩穿戴在身才是。沿河的路上还有一种苜蓿草，那些上了高年级的伙伴把它时髦地称为“三叶草”，并说在三叶草中若能寻得一株四叶草，便能兑付一个愿望。我虽不知有什么愿望可许，但对这种“搜奇猎艳”之事抱有极大热忱，只是这草从未被找到，后来才知它是叫苜蓿草。

连着那河岸栽种的还有一排刺槐。在《天仙配》中，董永和七仙女因槐树做媒缔结姻缘，于是每每看到槐树，都觉槐树能言人事，对它亦生相亲之意。有时，我们于树下歇凉，背瞒大人行炊馔之事，儿童的世界里亦有烟火流淌。烤土豆最为常见，不过这土豆须得做得如蓉儿的叫花鸡那样精致：把顶切开，挖空，填上盐、味精、野葱，又用芙蓉叶子一层一层裹好，用绳打上结，这才埋进土坑里。

槐树亦有开花的时候，等这时，我们则相约去摘槐花。槐花可食用，花蕊清淡，有余香，可以生食，也可以用来蒸槐花饭。

丽萍说摘来的槐花还可以放枕头里，这样做出来的梦也香甜，于是便一袋一袋地摘，晚上偷偷塞在枕头下，到第二天起，梦是不记得，可总在水沟里发现槐花的踪迹。

过了槐树再往前，便是雷祖殿。每年农历六月二十四日雷公菩萨生日，这里便要举行盛大的庙会。那一日，跨在河上的廊桥，隐于山林的大殿，立着那样多的善男信女，把一个小小的庙宇撑得满满当当。我自是不知他们对于天地神灵的敬畏，只知好吃好玩，便每次嚷着要随奶奶去进香。

进香首进土地公，再进龙王，财神，文曲星，再进保香故香，最后上大殿进雷公电母玉皇大帝。每到一处，便遇一敲罄人，面前置一开孔的木匣，手里拿一个小铁锤，噔一下，磬钟声起，便说一句讨喜的话：全家安康，儿孙满堂，财源滚滚，步步高升。于是进香的人便停下，掏出钱来，塞进木匣里。这小小的几角钱，原是她们的布施，亦充满了和乐美满的愿景。

我与奶奶进香，常是我立在一旁给她递香纸，奶奶则跪在草蒲上说长长一串话，等说完，才回头看我，道："过来作揖呀，保佑你会读书。"奶奶时常喜欢将许多对于人世的期盼都藏在心里，唯在进香时才吐露出来，我也不懂奶奶的这些心愿，只晓得上前作揖，按照奶奶的话对那些鲜艳艳的菩萨大声念："保佑我会读书咯"。那时，奶奶就会笑。

等拜完菩萨，我们也不着急回去，因为唱香还没开始。唱香的人多是五六十岁的老太太，穿一身青黑衣裤，扎一条黑缎子头巾，系一条龙云花纹红围布，每逢雷祖殿大典，便端着那插香的小红板凳从河下游田埂处一路跪拜一路唱，一直唱到大殿来。他们唱什么我也听不懂，只知道那样的音调那样悠远，是人世少有的祥和恳切。

等这些全结束，有些人便回家。有些人亦不，他们还要在这里吃饭，看戏。这样的热闹非是日日皆有，故而人人也并不急于一时，只慢悠悠地赏览，好消磨这一日光景。那些唱戏的多是五六人一组，一人拉二胡，一人敲锣打鼓，其余的便扮戏里人登台演出。他们演一阵，底下笑一阵，演到中场，里面寻夫或告状的女人便会下来讨要盘缠，不然戏无法接续。人人虽知这戏的结局，但总会掏些钱来，宽济这苦命的女人。那时我虽无钱，却也恨不能立马上去帮她，以结束她这惨恻的漂泊。然无须我帮衬，这戏自是能完满结束，一家人团圆美满，人长久，共婵娟，总是戏的终场。等戏散场，这庙会才算真正结束。

回去的路上，奶奶牵着我穿过山，蹚过河，问我好不好玩。我答好玩。我是满心为那戏里的女人开心。那时我也满心以为，人世的旅程也总如台上的戏一样美满团圆，现在渐知越往前行，越多缺憾。日月盈仄，人事离合，本不过是寻常风景，只是我这痴儿，不愿意会。胡兰成给张爱玲写信，曾有一句诗："今生今世已惘然，山河岁月空惆怅"。我虽还未到今生惘然的地步，可每每忆起这些山河旧事，那惆怅便随之涉水而来，淋满全身。

2020 年 3 月 28 日于家中

故乡的野菜

家住农村，从小吃的最多的除了米饭，就是野菜。看到别人写自家的食物，不是某某鱼就是某某肉，或者就是有多少佐料调和，经过多少道工序多少时候才成。而野菜，从地里采回来，放河水里洗一洗，油盐一滚就上了桌。这样一比，我这实在是有点拿不出手。但好在野菜“珍稀”，没多少人认识，所以这里就有必要拿出来说一说。

荠菜

若论故乡哪种野菜最多，那毫无疑问是荠菜。春天刚起头，油菜花还没结几个黄苞子，荠菜就先长了出来。那时，你到田野里望一望，除了绿的叶黄的草，就全是花花绿绿背背篓的孩子。

一直以来，挖荠菜好像都是孩子的事情。一到春天，就三三两两成群结队地提着小锄头去各家田地里跑，把那些油菜苗、苞菜窝踩得乱七八糟。但谁又管得了这些，荠菜要长在你地里，这也是没办法的事。

新生的荠菜呈淡绿色，叶片往四处散开，像一把倒撑的伞。

老一点的绿色就加深，到清明前后荠菜就从中央伸出一枝茎秆，上面长一些三角形的硬壳，开白色的小花。荠菜花同样可以煮，我们那里有句话叫“三月三，荠菜花煮鸡蛋”，所以农历三月三，家家争着去田野上采荠菜花。荠菜花有的时候还被用来插头上，串成串戴手上，一个是为好看，一个说是可以趋利辟邪。

荠菜味道怎样?《诗经·谷风》里有提到，“谁谓荼苦，其甘如荠”。这是一段弃妇的心理描写，以苦菜和荠菜作对比来表示自己心里的苦痛。别的不去深究，至少在这里可以说明，荠菜是甜的。

荠菜可以煮粥，也可以直接作为主食。新挖回来的荠菜放水里洗净，然后过水一焯，拌上盐和辣椒就可以吃。或者放在楼顶晒干，切碎，腌在坛子里，等要吃的时候再拿出来小炒一番，不失为一道下饭解腻的美味。

山耳根

山耳根，也就是鱼腥草。鱼腥草很多人叫，但“山耳根”除了我们那，好像别的没这个叫法，倒是有“折耳根”这么一说。“山耳”其实还好理解，毕竟它长在山脚田坎间，那么“折耳”是为什么?实在令人费解。后来在博物志里看到一篇文章：鱼腥草，原名“蕺菜”，在古时“蕺”念“zhi”“ze”，老百姓念的时候加个儿化音，就变成“折耳”，这是“蕺”音的讹变。要较真的话，应该写成“蕺儿根”才对。

这就说得通了。

至于另一个名字鱼腥草，之所以这么叫，是因为它的叶子有腥气，相传越王勾践曾患有口臭，就让人采这种野菜以乱口气。这和臭豆腐是一个道理，喜欢的人经常吃不觉得怎么，不喜欢的人闻着那味就受不了。

山耳根通常是吃根，别看它叶子铺在地上肥大肥大的，那根挖出来足足有半米多长。

山耳根可以煮，可以炒，但还是以凉拌最佳。将山耳根剪成几段，滴几滴香油，拌上辣椒就可以吃。家里人一向不爱吃这个，一个是因为味道受不了，另一个是因为根实在难洗。埋地下那么深，一挖出来，整条根都是红的。洗三四遍那红泥巴都还沾着。但山耳根能治病，它是中药里一项不可或缺的药材，能清热解毒，消肿疗疮，很多地方都把它当作药材来用。我们那里只把它当作野菜来吃，实在有点大材小用。

马齿苋

马齿苋这种野菜不好找。以前只能在人家门前的草坪上找得到，现在很多草坪都糊上了水泥，大多长不出来了。

一般在夏季，太阳晒得地面滚烫的时候，马齿苋长得最旺盛。马齿苋有点像多肉的样子，茎是茎，叶是叶，没有梗也没有绒毛，很肥厚。吃起来口感也好，很嫩，入口即化。一般的，马齿苋都用来做汤，和豆腐一起，青白二色，鲜嫩清香。也可以先晒干，存在那里，等要吃的时候拿出来用水一泡，炒几下就成。

马齿苋是药食两用的植物，晒干了可以做药。我们那里有专门收购干马齿苋的地方，价位很高，但是一般干了的马齿苋太轻，很多人宁愿自己吃也不愿出售。

除了上面提到的这些，故乡的野菜还有许多。诸如野葱、芨芨菜、地苔、水芹、椿芽等。记得以前哪个季节出什么野菜大家都蜂拥着去采，而现在，不仅采的人少了，能采的菜也少了。追求高物质，高水平的生活如今在农村已经成为一种时尚。这本来是没什么可争议的，谁愿意嚼着野菜过一生呢？人总是往高处走的。但是走着走着就把根丢了，这就很可恶了。

野菜，顾名思义也就是长在自然界的非人工种植的植物，现在有的地方提倡室内种植野菜，这真是让人哭笑不得。野菜不让长在野外，还要搭个篷子保护起来，每天人工地去浇水、施肥，这还叫什么野菜？一点野性都没有，还不如叫“家菜”。

2018 年 4 月 5 日于湘潭大学

童年味之偷李

“九家坳上的李子熟了。”说这话的时候，大乐哥眼中闪动着精光。我登时就明白了，这是我们从小就有的默契。我跑进屋子里拿出袋子，满怀壮志地说，“走，我们摘李子去。”

其实所谓的摘李子就是去别人果园里摘刚熟的李子，说得再难听点，就是去偷李子。这还是五月间，满山的李子还是青绿的，可我们这群孩童是闲不住的，总喜欢提前去尝一尝这五月的滋味。

听大人们说，今年的雨水降得多，看来是个丰收年。可不是，这满山的李子也得赚个大丰收啊！我们沿着田埂跑到了山坡上，一棵棵茂盛的李子树刚好能遮住我们小小的身形。

“看见有人没?”大乐哥看了看左右前后问我，我摇了摇头小声地说，“没人。”“好，那我们开始吧。”沿着那一块长长的土丘，长了十几棵李树，那或青或黄或红或紫的李子就垂在层层枝叶间。我攀着一处低矮的枝条，把上面的李子劫掠了个干净。新鲜的李子躺在我手心里油光发亮，我馋得口水都要流出来了啊！可是猛地一咬，“呸，怎么这么酸啊！”我捂着酸透了半边的牙齿抱怨。

“哎！你怎么还是这么蠢！都说了你得找那紫红紫红最好是带一点黑色的。”大乐哥看着那被我扔在草丛里的半颗李子，说道，

“看，你又浪费了不是！”我有点委屈，“可是那红的在上头，我攀不到嘛！”于是大乐哥就脱了鞋亲自爬上树，“在哪？”“左边，对，就是左边那个。”密密的阳光从枝杈间透射下来，大乐哥站在树上，像壮士一般高大挺拔。

大乐哥把紫红的李子往我怀里一塞，便把我拉到了山沟旁小声地说，“嘘，有人。”他做了个噤声的动作，我立时就连大气也不敢出了。“你留在这里把风，我去前面探个哨。”他小声地跟我说，我连忙应着，看着他提着鞋轻轻地走到山丘那边。一分钟过去了，两分钟过去了，三分钟过去了……整个山丘安静极了，我只听得到早蝉嗞嗞的低鸣和自己那剧烈的心跳声。汗珠一颗又一颗从我脸上滚落下来，我眼前开始浮现出大乐哥被抓的情形。大乐哥怎么去了这么久？真是被抓了吗？他被抓了我该怎么办？他会供出我吗？一连串的问题终于在他们的到来声中止住了。

“原来你们也在这儿啊？”“可不是，本来想去找你们的，发现你们不在就和华儿来了。”我从沟里悄悄探出了头，看到是丽萍、景大侠、婷婷、佩佩他们，就终于舒了口气。“摘了好多啦？”丽萍看到我问。“才刚来，能摘多少啊？”于是，在六人的重新组合下，我们又“丰收”了不少。

“不得了了，刚那边有人看到我了。”景大侠从山丘那边跑过来紧张地说。

“啊？那边有人啊？”“我们快回去吧。”“快走吧，被人发现就不好了。”我们叽叽喳喳地讨论着，像是一群待烹的小麻雀。“听我的，大家从田埂子那里跑，穿到油菜田里他就看不到我们了。”大乐哥说着提起鞋跑在前头，“大家把鞋子脱下了提在手上，这样跑得快些。”闻言，我们纷纷脱下鞋跟在大乐哥身后跑起来。

“嘿，你们干什么呢?”糟了！油菜田上头还有个人呐！“快，把袋子扔了。”大乐哥一边说着一边扔掉手中的袋子，后面的人纷纷跟着做。“你们这群娃仔子，现在就来偷李子了，这还没熟呢!”那人一边嚷着一边跑下山来，可是我们早已跑入了油菜田看不见啦。

等跑到了我们熟悉的小路上，大乐哥终于停下来了。“都没事吧。”我们喘着气纷纷摇头。可在这时，跑在最后的婷婷却突然哭了起来，我们问她哭什么，她抬起头懊丧着脸说，“我刚刚扔李子的时候不小心把鞋子也扔下去了。”

这是我印象最深的一次全体大出动，大概是因为婷婷的那双鞋吧。听说，她后来好几天都不曾露面。大概是她奶奶知道她把鞋子丢了关她禁闭吧！

2017 年 3 月 11 日于湘潭大学

童年味之烤土豆

六月到了。丽萍提着一袋土豆来找我，“华儿，咱们烤土豆去。”“好啊”，我兴奋地应着，从家里偷出半包盐和味精，和丽萍去到了小河边。

婷婷正坐在河边洗叶子，见到我便笑了，“华儿，今天你爸准你出来啦?”我朝她吐了吐舌头，反问道，“你呢? 你鞋子找到了?”这一番话把众人都逗笑了，连她自己都笑得乐不可支。佩佩这时捧着柴火走过来对我说，“华儿，怎么来得这样晚呀，只差你一个人了。”可不是吗，丽萍、佩佩、婷婷、景大侠、大乐哥都来了，就差我一个了，“我爸刚才出去，我就逃出来了。”我怕我爸，这是众所皆知的事情，于是他们也就不说什么，只让我和丽萍去河边洗土豆。

“一个、两个、三个……”丽萍洗完一个就数一个，阳光照在她圆润的面庞上，照得她脸红扑扑的。她长长的睫毛在阳光下抖啊抖的，像是蝴蝶扑棱着翅膀一样。“哎呀——”数到第五个的时候她突然叫了起来，“这大土豆只有五个，我们有六个人，这可怎么分呢?”“要不去我地里挖点吧，反正我家种的可多了。”景大侠指着山坡上那绿色的一片，说，“喏，就在那里，反正也不远。”

于是，我、景大侠、丽萍三个又跑到了山坡上去挖土豆。种土豆的地儿可真软啊，红色的沙土轻轻踩一脚就陷进去了。我们选了最边上的一株，它看起来体型最大。我们用手翻着软软的沙土，凉凉的沙土覆在手背上真舒服。“摸到了！”不一会儿，景大侠兴奋地说，“你们让让，我来。”他做了个扎马步的姿势，两脚深深陷进土里，然后扯着土豆的枝干使劲一攥，嗬！好一个子孙满堂！景大侠提着翠翠绿绿的土豆树，那底下可长了一大串土豆，大的小的老的少的统统都来了。我们把根上的土豆摘了下来，在刨开的土里又搜刮了几个，这才心满意足地下了山。人家都说斩草要除根，我们这是连人家旁系都不放过呀！

土豆洗干净了，丽萍便用小刀把土豆的小顶切开，然后挖出里面的肉，用盐和味精填上，再用芙蓉叶包好扎紧，放进小洞里。看她做这一切的时候，我总会想起《射雕英雄传》里黄蓉给洪七公做的那只叫花鸡。叫花鸡应该也是这样做的吧。先给它抹了脖子，再掏出它的内脏，蘸上调料然后埋在土里烤。这样想着，我就觉得吃烤土豆其实跟吃叫花鸡差不多，心里便隐隐有些得意。

“土豆熟了！”大乐哥说着便用棍子拨开灰烬，把一个个烤得黑不溜秋的土豆扒了出来。系芙蓉叶的绳子已经烧断了，芙蓉叶的外边被烤得黢黑，里面却是深绿。打开的时候，还能闻到一股淡淡的叶子的清香。我们把土豆剥了皮，先从有调料的地方吃起，吃到最后只剩最自然的土豆的清香了。

童年吃烤土豆给我留下了很深的印象，以至于后来对酸辣土豆丝、土豆汤片、土豆条等食物也无法抗拒。不过，之后很长一段时间后我才知道土豆也有毒性，发了芽的土豆还能致命。丽萍家的土豆总是会积好久，也不知有没有发芽，幸而我们平平安安快快乐乐活到了现在。

2017 年 3 月 12 日于湘潭大学

童年味之上学

“天黑，路上有鬼。”大乐哥说着让我拿一把手电筒，事实上，他手里已经有一把手电筒了。我问妈要了一把，然后跟着他去了焕哥和丽萍家。

拐两个弯，跨一条小水渠，两个人影远远就立在前方。虽然天没大亮，人影难辨，但能听到他们的声音。他们也听见了我们，便拿着手电筒往这边照，“哎哟，眼瞎了，眼瞎了。”我捂着眼喊，他们都笑了。

这是我第一次离家这么远这么早去上学，大乐哥、丽萍、焕哥都是初中的，只有我是小学的，但这有什么关系呢？我们的学校都在桥江，不管怎样，我和他们总归是能走一段路的。

天黑黑的，冷风飕飕地吹，我走在大乐哥和焕哥中间，虽然有四把手电筒打着光，但还是感觉到一阵害怕。原来去桥江上学要起这么早，还要走这么远的路。

“小心那片池塘，淹死过人呢。”才过了人家，将要路过一片荒山，焕哥的声音便幽幽地从后面飘来了。他用手电筒往山上一打，说，“看到没，那么多的坟，全是淹死的。”虽然距离太远看不清，但是白天的情景我是见过的，我知道那里有很多坟，之前和丽萍来这拾柴火的时候看到过，但我不知道他们都是淹死的。

“你知道落水鬼长什么样子吗?”大乐哥在面前一顿，转过头来问我。

我紧紧握着手里的电筒没敢说话。突然哗啦一声，他们三个越过一丛草都往前跑，一边跑还一边大喊大叫。我慌了心神，也跟着他们跑起来，可他们跑好快，我都跟不上，就只能蹲下来抽抽搭搭哭起来。到最后还是他们又跑回来，用手电筒打着我说，“瞧瞧你那样子，胆小鬼。”我抹了抹泪，恨恨地看着他们，没敢说什么。

之后，他们对我明显好多了，一直在给我讲路上的一些事。比如说小田垅有一户人家的桃多好吃，那里三月份还有脚掌大的竹笋，有一片山栽了满满一山的橘子，到十一月份都还有，味道特别好。他们一边说一边笑我没见识，说实话，我真没见脚掌大的竹笋，也没吃过十一月份的橘子，我有些难过，我觉得自己真的没见识。

说话间，天渐渐地亮了，我们也终于到了刚刚说的小田垅。一条小路，几户人家，其余的都是田。这时节稻子刚割过，日头晒了好几日，田也干了，只有一些矮矮的稻茬在风中摇曳，举目一片空旷。

到了有人家的地方，丽萍小心翼翼地对我说，“小心，这里有鹅，很凶的。”我一开始没明白，等后来路过一片小池塘时，就看到了那群鹅。

黄嘴，白毛，红脚掌，走起路来一摇一摆，“嘎嘎”声叫起来底气十足，但那声音可比鸭子沙哑多了，真难听。它们真神气呀，摇着两片白白的翅膀就往我们这儿冲。

“快走，鹅要咬人了。”大乐哥和焕哥飞快地跑在前头，我和丽萍在后面被鹅堵住了。“往另外一条小路走!”丽萍说着推着我跑，鹅群全都跟在后面，白压压一大片。

路跑到一半就没了，前面全是一片坎，我急着问丽萍，“怎么办呢？没路了，怎么办呢？”

“爬上去呀。”丽萍说着让我先上去，自己在下面赶着鹅。大乐哥和焕哥这时从另一边跑过来接我，一边拉我还一边说，“女生就是娇气”。我其实很想跟他们说我不娇气的，那些鹅我都不怕，但后来看到丽萍腿上那些红红的印子我终于还是没说出来。

丽萍上来后也没说什么，只给我们看了看红印子。她好像有点伤心了，但好像又有点高兴。等上了坡，她又兴奋地指着一棵杨梅树跟我说，“华儿，这棵杨梅树是最好吃的，结出来的杨梅又大又甜。”我看着那棵矮小的青青的杨梅树，真想象不出结杨梅时是个什么情景，丽萍却还在一旁说，“这条路上呀，一共有三棵杨梅树，就数这棵最好吃。”

大乐哥在旁听着，冷哼道，“杨梅有什么好吃的，华儿，等会给你吃更好吃的。”说完，便急急忙忙往前走。

“是什么吃的？”我问。

于是大乐哥就跳到一块土地里，在一棵挂满了黄澄澄灯笼似的橘子树上摘下一捧，扔了几颗在我怀里。

“大乐哥，你偷——”

“这有什么？没看到是栽在路边吗？这是公家的。”

虽然有点害怕，但我还是吃掉了那两颗橘子，真的，很甜，非常甜。

我们一边吃着一边笑，等穿过了那片土地，很快就听到了街上的车鸣。大乐哥、焕哥、丽萍朝我挥了挥手，说他们要往下走，我得往上走。

走了一路终究是要散了。丽萍说等放学了到学校门口去等她，还一起回，大乐哥又给我塞了一个橘子，让我带到学校里去吃，我点点头。都应着。

但事实上，那个橘子还没到学校就被我吃完了。我还想了一路，其实我是真的不怕被鹅咬的，相反，我还想像丽萍那样被鹅咬，我想要那些个红印子。

2018 年 2 月 2 日于家中

打糍粑

天还未大亮，一弯白月静静浮在山头。公鸡还未曾打鸣，黄狗仍睡在草垛里，它还有足够的时间在梦中啃掉那块骨头。“起锅咯——”寂静声中，远远的一声叫喊响起，惊破了它的美梦。它终是不满地吠起来，邻近的公鸡被这叫声吵醒，便抖了抖羽毛，发出新一天的第一声啼鸣。

寒来暑往，乡村的一天永远按时抵达，除了偶尔几个特殊的日子。打糍粑便是在这样一个特殊的日子里。

隆冬，正是糍粑生产的最佳时节。不同于屋外的寒凉冷寂，屋内总是一番热火朝天的景象。偌大的厨房里，男人和女人各占了一道，中间横着一条楚河汉界。边界的尽头，灶上置了三个大木桶，糯米透过桶隙嗤嗤地冒着白气，柴木在灶中噼里啪啦地作响。伴随着嘹亮的一声“起锅”令，添柴的伙计一脚踏上了灶台。他站在台上，贴着桶身闻了闻米香，随后捋起袖子，一把揭开了锅盖。霎时，白烟四起，糯米的甜香钻入每个人鼻间，在人们心湖反复搅动。

“快拿桶来，赶紧！”一只只小木桶被递了上去，雪白的糯米饭逐渐被分散到小木桶里，转而又倒入了石臼中。它们腆着圆鼓鼓的白白的肚子，笑嘻嘻地看着头顶的众人。男人们早已脱下了厚重的袄子，只着了一件薄薄的单衣。他们卷好袖子，往掌心吐了口唾沫，握住手边的木槌。“先捣后砸再缠棍”，这是男人们熟悉得不能再熟悉的步骤了。他们先沿着石臼绕上几圈，用木槌把糯米饭压紧实，这样砸打时才不易溅出。

米饭在木槌的挤压下乖顺地贴紧了石壁，像是依附丈夫的小媳妇。“开打!”一声令下，木槌如雨点般砸下。“嘿——呦！嘿——呦！嘿——呦!”洪亮的口号伴随着木槌重重落下，砸在软软的米饭上。有时，他们还会冒出几个荤段子。“某某，你是条汉子吗？这力气给我搔痒都不够!”“某某，你就这点力气，把你晚上干婆娘的气力使出来啊!”一片闹哄声里，糯米饭逐渐成了糯米团。

这边男人们正打得火热，那边女人们也不让须眉。菜油将桌面抹得亮堂堂的，待男人们把缠好的米团扔上桌面，女人们便麻利地把浸了油的绳索往木槌上一套，再狠狠一勒，米团便脱离了木槌的束缚，成为桌上自由的一团。这股子狠辣劲儿，颇有几分琏二奶奶的手段。也只有在这个时候，她们才会抛下往日的贤良淑德，成为男人眼中的“悍妇”。“悍妇”们双手蘸满油，将米团揪成拳头大小个，端端正正地摆在案板上，整个动作干脆利落，一气呵成。等到案板一满，她们便盖上另一块案板，叫上围观的孩童上去踩压。

“用力踩，太厚了显小气!”“踩轻点，太扁了是福薄!”女人们在案下一一指导着，可孩子们哪记得住这些，一顿狂奔后，管你小气还是福薄，反正他们开心了就好。看着一桶桶糯米在他们脚下成为一沓沓圆圆扁扁的糍粑，他们或许会觉得惊奇，但更多的是化作一口滋味绵长的美味，封存在记忆里。

白月逐渐隐没在山巅，瓦檐上的冰霜也渐渐消融。天空已经泛起了鱼肚白，黄狗将村庄遛了个遍，它还在为它那半块骨头伤神。厨房里，新成型的糍粑正散发着诱人的香气，但火热还未散去……

2017 年 1 月 21 日于家中

竹笋腊肉浅浅尝

从小到大，我吃过的美食不下百种。然而，我最不能忘记的是母亲炒的竹笋腊肉。

三四月间，竹笋生得正盛。每当这时，村里的孩童们便举着镰刀背着背篓上山下田寻找竹笋了。

山上的笋和田下的笋是两种类别。山上的我们称为“烂头笋”，这主要是因为它的笋头长得比较怪异，笋尖上的叶总是会参差不齐地往外伸出来。田下的笋则是我们平常所指的笋——箭竹笋，它比“烂头笋”味道要鲜美得多。然而无论是哪一种笋，孩童们见了，都十分欢喜。

春日，万物都在积蓄着力量，山上的野草也在拼命地疯长。有时，竟比孩童们还要高出半个头。可是，山沟里的孩童是不畏惧的，他们手举镰刀一路斩杀过去，竟生生把荒草丛生之地荡涤为一片平原。孩子们自是顾不得这些，他们的目标是躲在竹林草丛里的笋芽儿。你可别小瞧了这群孩童，他们对笋可讲究了！老的不能要，太硬了，难以入口。嫩的不能要，总要为它们的后代积点德吧。最好的笋当是那种笋壳青中带黄，壳间上还有些细细的、白嫩绒毛的。许多生手往往不知道这一点，所以总是将周遭所能见到的笋儿一一劫掠过来，而这时，为首的孩子王总要骂他。一回之后，这孩子便长了记性，再也不会弄错了。

相比起山上找笋的艰辛，田间找笋就容易多了。往往你走在田坎上，就能看到竹笋。然而，你若是想找到又大又好的竹笋，就必须爬上田坡，在那一大片荆棘里找寻。越是美好的东西要付出的也就越多，山沟里的孩子很明白这一点，所以，他们总是毫不犹豫地往荆棘里走。

笋找回来后，剩下的事自然就交给大人了。记忆中，每次我找笋回来后，奶奶总是会搬一张小板凳坐到门前，手中端一个大的簸箕，先将背篓里的笋倒入簸箕，然后专注而虔诚地剥去笋壳。每当这时，奶奶总是抿紧了唇，神色不动。若不是她那在笋间飞动的手指，我倒真以为她像《西游记》里说的那样被人定住了呢！

奶奶在这边剥笋的同时，母亲那边也开始准备腊肉了。腊肉一定要是年前的，深红中带一点烟熏的金黄。细细看去，那颜色，竟与母亲的肤色一模一样。你可以想象，那腊肉肯定是母亲熏制了十天半月的。烟雾缭绕的小房子里，木柴在火盆里“哔哔剥剥”地响，母亲在一旁一边强忍着眼泪，一边轻轻拨动着火舌苗儿。到最后，柴火熏黄了腊肉，也熏黄了母亲。

腊肉切片，竹笋切丁，待一切准备妥当之后，母亲就开始炒菜了。点燃炉火，把肥的腊肉倒入锅中翻炒，待炒出油后再放剩下的腊肉。沥干刚漂过的竹笋的水分，然后一齐倒入锅中。掺上一小碗清水，然后焖上七八分钟，最后，撒上一把在路上顺捎回来的野葱，再舀上一勺碾碎的干红辣椒！“够啦！够啦！莫再放啦！要辣死人啦！”说到这里，我总是会想起那时的场景：小小的身子攀着灶台，一面看着辣椒将竹笋腊肉染了个深红，一面不停地叫喊出来。那时，母亲一定是笑着说，“莫怕！莫怕！辣点才好吃。”于是，每一次，好好的竹笋腊肉总是会变成“竹笋辣肉”！所以到最后端上桌时，我只能一块一块浅浅地尝。

然而这几年一直在外地，很少再吃到竹笋腊肉了。即使有，也吃不出家里的那种味道。辣椒不够多，腊味不够浓，我也不需要一块一块浅浅地尝了。

可是啊，我是多么想说，竹笋腊肉，还是得浅浅尝啊！

2016年9月23日于湘潭大学

青青一碗葛面

若说起溆浦的特色小吃，葛面绝对是独一无二。偌大一条街你走过去，十家小吃店里至少有七家置有葛面，你想错过都难。

关于葛面的由来，相传是宋时闹饥荒，百姓为填饱肚子上山挖葛根，发现里面含有大量淀粉，于是打磨成粉制成条状，这才有了葛面。正常的葛面通常呈淡青色，粗圆滑亮，佐以姜、葱、酸萝卜、油泼辣椒等调料，便成了一道风味独特的美食，我在别的地方尚未见到过，所以说“风味独特”在我这里确是实话。

葛面看似简单易做，实则里面大有文章，而这“文章”往往是出自那不起眼的调料之中。

先说这酸萝卜。萝卜定是要自家种的，且要红皮。白皮萝卜美则美矣，但味甘辛，不适合用来发酵。收红萝卜多是在夏秋季节，一亩亩深红的土壤中，萝卜们埋着头，焦急等待着破土而出的那一刻。农民将汗巾利索地往肩上一搭，然后扯开两只胳膊迅速拽出一颗硕大的萝卜头。“今年好咯，又是个胖娃子。”这嘹亮爽快的一声后，萝卜便入了筐，等待着属于它的宿命。而这宿命往往是被担回家中，由着妇人们洗了个爽爽利利，然后受着“千刀万剐”，最终连肉带皮浸入陈年的酸水中。做完这一切后，再等上几天，又被剁成四四方方的红丁子，这才上了桌。

说完了萝卜，咱们再来说这油泼辣椒。油泼辣椒是葛面里最重要的一味调料。湖南有句俗语——“无辣不成宴”，饶是这样一道小小的地方小吃，也绝不能少了辣椒来做陪衬。从春季播种到夏末收获，辣椒饱含了春夏两季的热情，那自然也要将这一腔热情挥洒出去。趁着清凉的时候，农民从地里摘回一筐筐鲜红的辣椒，倒在晒谷场上曝晒。等那水分晒干之后，便到了这油泼辣椒制作中最重要的一道工序。干辣椒用剪子剪碎，佐油翻炒，待脆了之后，加上几勺盐，倒入石臼里用捣杵捣碎。小的时候，对这种画面印象特别深刻。满是浓烟的灶房里，母亲头上缩一块湿毛巾，来来回回地走动。偶尔去锅中翻炒几下，偶尔又蹲下来捣着辣椒。间或被呛得轻咳几声，转瞬又被捣杵声给盖过去了。母亲的这种劳碌的情景伴随了我整个童年，以至于每次看到葛面，都觉得那其中有母亲的身影，自然，也有我许许多多劳动乡亲的身影。

在溆浦，与葛面常一起出现的，还有米豆腐（我们那里叫米糕）。米糕通常是四四方方一大块，寓意做人堂堂正正。只待客人说要，打糕师傅便开始打糕。可别小瞧了这打糕，打糕是项技术活，糕打得方不方正不正可关系到这打糕人的品性好坏。他们认为，只有品性良好的人才能打出方方正正的糕，而那些心术不正的人，万万打不出好糕。打糕师傅一手平端着糕，一手拿着刀，就这样上三刀、平三刀、下三刀下去，一整块糕便分做许许多多的小糕落入锅里，让人既饱了口福，又饱了眼福。若是你既想吃米糕，又想吃葛面，不用怕别人说你贪心，你只管跟老板说了，老板定会将一碗葛面拌米糕送到你面前。

一碗葛面上桌，浓浓的乡情也在鼻间弥漫。此时，你不必太过讲究，只在道旁捡个桌儿坐下便是。外面凉棚有的是，不必含羞躲在里头吹风扇，那外边的凉风自是够你吹的。你就一边吃着碗里的葛面，一边看看这市井风情，那些陈芝麻烂谷子的事，也懒得去想。

有时候想想，坐在街边吃一碗十元不到的葛面也是件极幸福的事，因为那是属于故乡，也是属于幼时的回忆。

2016 年 7 月 21 日于深圳

且共莲城一树春——知遇莲城

想起刚进大学那会儿，自己也正像一棵才破土而出的野草，卯足了劲往上生长。春日谈诗、秋日著文、夏冬两季谈理想与远方，无论什么时候，这日子好像总是晶莹剔透着的，干净，纯粹，又带着点醉人的酒香。

湘大地标趣谈

在校数年，对于湘大的一草一木，一砖一瓦亦存亲切喜爱之心。近来无事可扰，日日于校园闲走，又于历史掌故中搜捡翻阅，便也落笔凑成几篇短文，遂一同集录，是为“湘大地标趣谈”。

——序

风雨金瀚林

此瀚林非彼翰林。

以前，每逢朋友过来游玩，到此处听闻是“金翰林”，必要抚掌赞叹。而后，我必澄清，是瀚海阑干百丈冰的“瀚”，而非翰林院的“翰”，朋友一脸索然。

“翰林”为何成了“瀚林”？我也是一年后才想明白。

金瀚林位于湘大的最南，因地势低洼，故而每逢下雨，就会涨水。那时我们若要上课，尤其是去逸夫楼，必是要“跋山涉水”。山是南山，水是金瀚林的积水。这积水也并非一池满当当地蓄在那儿，而是铺在地上一层，淙淙地流着，人走在路上，往往无从下脚。从这里看，“瀚”字其实更为应景。

除去下雨天的些微不便，金瀚林称得上是一个安身立命的好去处。位于11栋后面的那条街，一天到晚都是热热闹闹的，这热闹不是喧嚣，而是市井里包裹的地地道道的生活气。理发店、小商品店、饭店……真应了那句“麻雀虽小五脏俱全”，凡人的日常需求基本都能满足。

在后街卖炒饭的人很多，从早上十点开始，各种锅铲碰撞的声音就叮叮当当地响起，到晚也不散去。我的宿舍正位于后街对面，有时到了晚上十二点，当头挨着枕头，还能听到楼下传来的锅勺碰撞的声音。还有常在此处卖米粉的阿姨。四年里，那一架贴着桂林卤粉的小推车从未变过，而阿姨的头发长了又剪，剪了又长，倒像是在呼应着四季的流转轮回。年复一年，人一茬一茬地走，又一茬一茬地来，而阿姨、金瀚林，却从未改变。

闲散东坡村

东坡村是湘大最闲适的地方。想起苏轼在黄州时，偶得东边一块地用以种花种菜，便欣然为其名曰“东坡”，并自谓“东坡居士”，湘大的东坡村命名之初是否亦有这样一种陶然的欣喜？或许如此。

何云波老师在《大隐隐于村》中曾提过湘大的四个村：“南阳有高卧，东坡自悠然，松涛声入耳，北斗星满天”，恰如其分。东坡村的悠然来自它的古老。像老人，慈眉善目，温和安然地伫立在那里，所有的时光到了这里都会被拉长，放慢。

当黄昏时，人走在那一排排老旧的楼房之中，闻着从各家各户窗口飘出来的饭菜香味，常有一种人事皆好的感触。因那东坡村的建筑老旧，平顶房，水泥墙，外面再搭一个小阳台，便充满了古朴和谐的神秘感与静谧感。东坡村的阳台也极有意味，因它常种满了花，有时人走在下面，抬头一望，灰白的墙配上红紫黄绿的花草，叫人有一种说不出来的心安与感动。

行走于东坡村之间，常能见到一些头发花白的老人，有时是一对夫妻，互相搀扶着前行，有时是一群同龄的人，操着一口你听不懂的湘音打你身边走过，那时，你在他们身上才真能感受到岁月的温度——如同一朵火焰，发着恬静的，柔和的，越看越亲切的光。

有味联建

在还未拆掉门口的那一排建筑之前，联建还真有点罗曼蒂克的旧街风味。这有点类似于上海的弄堂，却仅仅只是买卖小吃。临近门口的地方，常有一个卖糖油粑粑的人，那糍粑滚在油中被炸得金黄，待捞出来，时常散发着一股焦糖味儿。从门口进去，两边都是小吃摊，有卖烤面筋的，常是操着一口不太流利的普通话问你要多少辣椒。还有卖糖葫芦的，必要一室内插得红彤彤亮堂堂的，鲜艳艳地照人脸庞。那是湘大唯一一家糖葫芦店，后面这建筑一拆，湘大再没见“老北京”字样。

为什么说这建筑有点罗曼蒂克的味道呢？主要还是因为街小而窄，两旁的摊贩支起棚子，半边天就被罩起来，人在里面，除了两旁的摊位，抬头只有一线天。要是有一阵风起了，那必定是沿着这窄街自南而北或者自北而南穿巷而过的，人行其中，颇有种“记忆的风穿堂过”的感觉。到这建筑被拆除，联建就只剩下一条东西走向的街道了。

建筑拆除，街也就变小了，但人仍是那样地多。每到饭点，那人潮涌动，你来我往的场景，常让人想起汪曾祺的那句话：“热热闹闹，挨挨挤挤，让人感到一种生之乐趣。”联建的味道，就是这份热闹“挤”出来的。

笛鸣泉山

泉山位于图书馆的后面。说是山，其实只是一个小坡，但种了满坡的树木。在图书馆自习，到六七楼的走廊上，常能看到郁郁葱葱的一片。

泉山的树其实并不高大，却足够茂密，每当天气晴好的时候，常能听到从泉山传来的笛声。这笛声有时是像风一样，像水一样柔亮清白畅通无阻的，有时却是断断续续不成调的。我有几次循着那笛声偷偷追去，见到的总是不同的面庞。他们为何不相约一起来个合奏呢？也许是曲高和寡，也许是时机未到，未能相遇，总不得知。

也有人在泉山读书。泉山上有许多小石桌，夏日的午后来此憩凉读书，比待在空调房舒服。只是树木多，蚊子也多，一旦到了晚上，必要备足花露水以防蚊，不然浑身难受。

又记起汪曾祺写他与戏曲结缘时有过这么一段：“我常在月白风清之夜，坐在联大‘昆中北院’的一棵大槐树爆出地面的老树根上，独自吹笛，直至半夜。同学里有人说：‘这家伙是个疯子！’”但我以为，一个学校里，尤其是大学里，应当是要有几个这样的疯子，不然没点浪漫与激情。只是要在月白风清的夜晚吹笛，还是须得耐得住蚊子的亲吻。

2020年6月24日于湘潭大学

我与我的黄金时代

大四毕业的时候，正读蒋勋的《说红楼》。到抄检大观园那一回，忘了蒋勋先生的原话是什么，只记得读完后心有戚戚，便写了自己的一段心得：“林黛玉在大观园里陪葬了自己的青春，薛宝钗选择进入复杂的现实世界。或愿或不愿，大观园终归一散。但我们还能再见的，是吗?”末尾的疑问不免带了点兔死狐悲的感慨。

那时的心境实难一语道清。除了离别的感伤外，对前路亦含迷茫与惶惑。这迷茫也非是对自身前路的迷茫，而是对我与之相伴四年的朋友的隐隐担忧。或者，更确切地说，是对再重逢的隐忧与不安。记得北岛在《波兰来客》中有过一段话：“那时，我们有梦，关于文学，关于爱情，关于穿越世界的旅行。如今我们深夜饮酒，杯子碰到一起，都是梦破碎的声音。”虽则是属老生常谈，却也一语中的。世事如白云苍狗，斗转星移间便是沧海桑田，在现实不时卷起的风浪里，谁能保证我们不被拖入生活的泥淖中？当生活只剩下一地鸡毛，那时的我们，理想、激情与梦又将被置于何地？不得而知。

于是转回头来，我们眷恋青春。青春是一个人最恣意昂扬的时期。彼时我们阳光，健康，充满活力与生机，无论做何事都是意气风发的模样。因为现实的风雨离我们那样遥远，我们还有足够的时间在象牙塔里做五彩斑斓的梦。

想起刚进大学那会儿，自己也正像一棵才破土而出的野草，铆足了劲往上生长。春日谈诗、秋日著文、夏冬两季谈理想与远方，无论什么时候，这日子好像总是晶莹剔透着的，干净，纯粹，又带着点醉人的酒香。我们在旋梯谈诗，吟着彭老的“起点是上升，中途是上升，终点也是上升”，懵懵懂懂间常以为自己是发现了什么不得了的真理。当天朗气清，我们踏着满地细碎的阳光前行，时常要卖弄下旋梯的金句——“我们出发时，阳光也出发了”，而当我们穿过树林，立马又会想起那句“总有一天，我们走过的叶子路都会变成金色的殿堂”，我们的未来充满着无限可能，因我们每个人心中都怀揣着最美好的愿景。在旋梯的日子里，那是连阳光都带着神秘色彩的，风可以成诗，云可以成诗，草也可以成诗。诗，是我们那一段时间的生命，诗社，也是我们那一段时间里最美好的精神伊甸园。

另有在校报写稿的日子，那非是神秘的，充满诗意的，却是温馨的，永远和乐美满的。那是充满欢声笑语的日子，一群人写稿子，排版，摄影，走到哪里都叽里呱啦说个不停，编辑部也从不沉默，永远生机勃勃，有着少年的朝气与活力。我们在门口贴对联，一边放着宋祖英的《好运来》，一边刷着发报纸的浆糊，乐不可支。它常常是这样热热闹闹的，欢欢喜喜的，充满着人世的脉脉温情。就像汪曾祺写“家人闲坐，灯火可亲”一样，在校报的岁月里，也正是这样岁月静好，人事皆好的模样。编辑部的火锅也永远那样滚烫，因来的人那样多，一室内常挨挨挤挤，热闹得不像话。这样的热闹使人愉悦，也使人安心，那充满各种味道的校报时光，极细碎的，又极耀眼的，匆匆地，就填满了大学四年。

又想起在数学院的时光，那是充满挑战与趣味的。许多人常以为我是中文的学生，但在步入研究生阶段之前，我的四年韶光是在数院度过，尽管它常常被数字填塞，却也不输任何人的青葱烂漫。因数院是自由的，而朋友是可爱的。想起黄荣老师上高等代数，黑板上一笔一画必要把每节课的内容都理得清清楚楚，盼盼的笔记永远那样密密麻麻，解起题来常说得头头是道，却令人晕头转向，到后来还得转问佳悦。因这两个学霸室友，这即便是我一节课常听得稀里糊涂，到后来考得也总算不是太差，只是每临考试，总觉得浑身的血液仿佛都被抽干，只剩下一具空空的躯壳。每每是到凌晨两三点，三人还在互相讨论问题，抽背概念，像是一群亡命之徒。但一夜虽只睡得三四个小时，却也并不觉脑子混沌，紧张的心态令人极度亢奋，只有等考试完了，三人才彻底远离战场，极有默契地一觉睡到天黑，谁敲门都不应。

诗社、校报与数院，这四年中数度辗转的地方，一同构成了我的大学四年，也构成了我最浪漫的青春岁月。写新闻、写诗、摄影、考试……那时，自己身上仿佛永远有使不完的劲儿，身边的人也仿佛永远有使不完的劲儿，每个人都明媚、灿烂，一路踩着阳光往前奔跑。我们在湘大这片土地上尽情燃烧自己的青春，在每一个清晨黄昏里迎风舞蹈，到后来，湘大真的成了我们的另一故乡——心灵的故土。

正如大观园之于红楼的少男少女，湘大于我，亦是永远的大观园。从 18 岁到 21 岁，我在湘大度过了最无忧无虑的青葱烂漫的四年，往日的青涩与稚嫩褪却后，再回首时，湘大的四年已然成了我的一个黄金时代。这一时代是由这样一群风华正茂的人构成的，也是由各种奇奇怪怪的梦与热热闹闹的故事构成的。

彼时的欢乐常常令人充盈，感动，只是回忆起来偶尔又不免感伤几回。忆起去年七月份在河东兼职，傍晚回来，路上落着雨，车过三桥，望见江面上密密麻麻的雨丝，想到几个月前一行人还在凌晨的南门打卡，而今只剩下一人在拥挤的人潮里孤身跋涉，忽然间便想起许浑的那句诗——“日暮酒醒人已远，满天风雨下西楼”。那时的心境，凄清寂寥，怅然惶惑，正是读红楼的感受。

2020 年 6 月 18 日于湘潭

湘中行记

己亥年七月初一夜，与琼琚行道湘中。过观景正门，从颓台下，清风满耳，清光满目，得见湘江。

时月既未出，独疏星萧朗，光影落水中，别有清韵。有客置睡椅江岸，坐卧可观江天一景，遂购置，得清茶两杯。

仰观天，但觉黑沉有度，纤云可见。琼琚言，最喜暗中层次，黑，白，灰，层次有致，最可怜爱。转目江中，岸有客钓者，应答前后，从容有味。稍远，有客船往来，轰然作响，但见灯火满船，辉映江中。琼琚言，“吾等观为闲情，实其为生计尔。”会意而笑。

初尝茶，味稍淡，须臾回甘。琼琚言：“此寻常茶也，但有殊中趣味。”余答曰：“非此茶之味也，实此境之味也。”又云：“今后或至，亦自携茶具来。”问曰：“何可得水与火乎?”吾以吾姊登山而取山泉为水，以小焰酒精灯为火而答，遂无言。

闭目而卧，调琴曲，闻水声拍岸，清风过耳，颓劳之意尽消矣。一刻有余，余发言，“此情此景，若一字以概之，或为‘清’，清音、清风、清光，皆有矣。”琼琚言，“琴之奥义，也首在‘清’。”又举其他，复而加之曰，“或可二字。”问之，则答，“清盛。非盛世之世，何来闲清之清？”吾与之。

起而行，踩沙石，困困而上，见有树倒伏江畔。琼琚言此为洪水之状，沿其曲折，可画洪水之貌，心下了然。念及此非孟浩然诗“人事有代谢，往来成古今。江山留胜迹，我辈复登临”之活画也？遂有怅怅。穿树而行，琼琚笑而言，“奇哉，吾等从洪水下过矣。”喜而笑。行数步，忽见一树独挺直，叹而观。走时复言，“此所谓‘抱节清且直’也。”

又行数百步，路多小石，忽忆幼时常与姊捡石河中，归而镂画其上，颇有趣味。继而叹曰，“彼时望有日能拾美玉焉，亦是不知事尔。”言及此，触琼琚心事，闻琼琚言，“琼琚，人皆言美玉，实则亦一凡石也。吾为琼琚，非特自比美玉，美玉何敢为，但一凡石也。”吾嘻嘻答曰：“既如此，何不改呼‘肖顽石’？”欲复加言，“此顽石亦是青埂峰下顽石乎？”心为另一物引，遂不言。

归来赋一诗，取“清”字韵，诗云，“旬间汛过水初平，夹岸拍沙倚杖听。一指星河窥古意，满船灯火载余情。茶甘且试闲滋味，影没时闻客话声。何叹尘间劳倦久，晚来风送一江清。”

常记琼琚于江畔言苏轼之“小舟从此逝，江海寄余生”，李煜之“花满渚，酒满瓯，万顷波中得自由”，诚得自由乎？岂不闻太史公有言“天下熙熙，皆为利来，天下攘攘，皆为利往”？生计，民之本也，知此，则自由多为所累。世人营营于世间，劳形销骨，但为得一足之地，此人之常情也。或偶能从心闲适江上，俗事无挂碍，只闻清风人语，观渔火微光，虽寻常清茗亦有殊趣也。苟能浑然忘己，此非极可乐乎？人之不察，吾以记之。

2019 年 8 月 1 日于湘潭

却顾所来径

记得大一刚来学校那会儿，正逢我十八岁生日。父亲说，成年了，凡事得独自面对，于是，一手行李，一肩风月，便独自来了学校。

学校给人的初印象说不上很好，但也不差，若要用一个词来概括，大概就是“新奇”。不像门的三拱门是新奇的，没有水的琴湖是新奇的，“书山路”与“勤人坡”也是新奇的。记得游校园那天，香樟树果子满地落着，一路行来被人踩碎了，就密密麻麻地铺在地上，像是一摊墨汁，清香扑鼻。那是我对“新奇”这个词最初的感官体验，也是对学校最初的记忆。

学校建在郊区，许多人曾对此大为不满，然而我却十分欢喜。我很怕城市的那种喧嚣嘈杂，而在湘大，除了点锅碗瓢盆在深夜里铿锵碰撞，你听不到太多噪音。湘大除了谈恋爱，只适合学习。

当然也有热闹的地方，但这热闹里包裹的是地地道道的生活味，用汪曾祺的话来说就是，“挨挨挤挤，有一种生之乐趣。”联建是每到饭点必得挤的，情侣，姐妹，兄弟，一下课，你来我往，便都成了那条窄窄巷子里的一道风景。而在金瀚林后街，即便是在深夜十二点后，你挨着枕头，仍能听到锅勺碰撞的声响，闻到窗前传来的各种炒饭香。这样的热闹很让人感到安心。

在校四年，很难说这是一种怎样的体验，只是每逢别人问起，我都会说——“大学的体验，大概是自由吧。”大学是自由的，曾听闻闻一多在西南联大授课时，老师一边抽烟一边讲课，学生也一边抽烟一边听课，别样潇洒。湘大老师没有谁抽烟上课，但我们学生私底下有抽烟谈诗，并且烟酒不离身的。这在中学算是大忌，我也曾对此嗤之以鼻，人说抚琴还须先盥手，抽烟谈诗未免有失高格，但后来自己总算想明白，真名士自风流，只要有诗在，抽支烟算不得什么。所以每次从诗社回去，除了一肚诗情，往往还捎带了一身烟酒味，别人问起，往往就笑说是“诗味”。

诗社自由浪漫的氛围确实影响我不少，甚至被我带去了课堂。我自认为不是一个好学生，因为我不爱循规蹈矩。我上课喜欢看课外书，看得如痴如醉的那种，老师讲得越起劲，我就看得越起劲。但也因为这个，我吃了很多亏，每次到考试月几乎都会崩溃。但也有认真听课的时候，黄荣老师的高等代数我学得很认真，因为那时才大一，一个劲儿地想往前冲，到后面发现自己冲不动了，才慢慢减速下来去看看沿途风景。我还很喜欢教我们数学分析的喻祖国老师。因为他身上有一种特别的气质，或许是属于数学人的气质，讲话慢条斯理却又逻辑清晰，讲数学证明时，看似温文尔雅，实则例题分析起来字字不让，这大概就是数学的严谨。我与数学可以说是相爱相杀了四年，最后还是应了那句“相濡以沫，不如相忘于江湖”，一别两宽，各生欢喜，但学数学的这四年给我留下了刻骨铭心的印象。

当然刻骨铭心的不只是数学，还有许多可敬可爱的人。记得校报聚餐的那天，向阳背着相机将南门拍了个遍，凌晨十二点，我们商量着去开个草坪会议，其实没什么可说的，只是不想让那天早早结束。但天不遂人愿，很快就下起了小雨，我们又像一窝蜂一样地散了。回宿舍的路上，突然觉得这群人就要这样散了，心中不无伤感。后来走到楼梯口，想起四年前自己第一次爬上去的场景，觉得这简直就像一场梦。那时很想用李白的一句诗来形容，但记得开头，却无论如何记不全，后来爬到四楼往窗外一望，黑色的树影在夜里摇晃，当下就想起了那句——“却顾所来径，苍苍横翠微”，心下泫然。

2019 年 6 月 13 日于湘潭大学

闲粥撰录

胃口不佳，粥便成了进食的首选之物。自从买了小锅之后，宿舍便被开辟为我的第二战场，三天一小煮，五天一大煮就成了常态。食谱反复地看，食材反复地挑，然而煮来煮去，拿得出手的也不过下面这三样。

玉米萝卜白菜粥

这可以说是一道家常粥。因为它最简便，也最实用。

玉米剥粒，萝卜切丁，白菜切丝，佐以清水四碗，白米一杯，文火四十分钟即成。食谱一列，乍看起来似乎简单，然而其中的门道弯弯绕绕，不摸索几番还真是找不着。

首先说食材，玉米须得鲜嫩，掐得出汁来才够香甜，老了的玉米香甜劲儿过了，煮出来没什么味道。萝卜须得是胡萝卜（忌空心，空心的胡萝卜煮出来有股腥气），一来红黄白搭配视觉上有个美感，二来胡萝卜的清香比一般的萝卜来得更浓，散得更慢。我有试过一次水萝卜，味道确实不同，看起来也不赏心悦目。

再说顺序。胡萝卜不易熟，须得先入锅沸过两三次才可入米。

熬至七成熟加玉米，八成熟，加白菜，半勺盐，关火，十分钟，揭盖，清香扑鼻。

熬粥讲究一个火候，什么时候该放哪些，放多少，心里都要有个谱。这得按照食材本身的性质来定，否则过了头，一团糊。这是熬粥的说法，放宽一点，把它移到人的层面来说就是：凡事须得量力而行，用力过猛，则一团糟。

冰糖雪梨

这算不上是一道正儿八经的粥。单从“粥”字来看，它从米，从二弓，字典上解释为“用火和水把米粒体积增加到最大时候的米饭”。冰糖雪梨里没有米，入不了这个范畴，顶多只能算是汤。那为什么我们那里一直把它叫作粥呢？我也弄不清楚，仿佛粥、羹、汤在它这里没有界限。这需要专门人士来讲解，这里还是从习惯出发，仍然称它为粥。

以往着了凉，喉头痛痒，大人就会说，“给这孩子煮点冰糖雪梨粥吃吧”。这话一点也不假，冰糖雪梨是粥，也是药。能清热，能止咳，也能缓解食欲上的不振。据《本草纲目·梨》记载，“梨者，利也，其性下行流利。主治止渴镇咳，消痰祛火，解创毒酒毒。”和冰糖一块煮了，成一锅糖水，是最好吃的一服药。

新买来的雪梨分瓣，去核，切成豆腐状方形小块，和银耳同煮，出锅时撒上枸杞，红白交配，汤色金黄。银耳难熟，得先泡半小时，最先入锅，这样煮出来的汤汁才呈胶状，香甜黏腻。

冰糖雪梨本来只是一道简单的汤水，然而现在有些食单上也加了大米进去，凑成一锅粥。这其实没有必要。这不是为果腹，大米加进去，量是有了，然而到最后煮出来却粥不粥，羹不羹，汤不汤的，实在不知道是什么。

话是这样说，然而生活中，这类画蛇添足的人不在少数。

牛奶西米粥

这是这几样中最金贵的一道粥，属于“大煮”这一行列。

西米，单听名字就知道，这是个“外来户”。西米原产马来群岛，最为传统的是以西谷椰树木部提取的淀粉加工而成。虽有加工这道程序在，但西米好吃，软，糯，滑，比一般大米更富弹性。

银耳先入锅，大火沸数次，加西米，二十分钟，加牛奶，盐半勺，糖一勺，转小火，十分钟即成。西米易糊，牛奶易溢，得不时接锅，搅拌，需费点心神。这也是为什么把它划入“大煮”这一行列的原因。

以往煮粥，常常被室友笑话成“一锅乱炖”。煮粥的人一开始往往什么都想尝试，所有食材、所有调料恨不得都能一起放进去。现在想想，这笑的也在理，加的越多，味道并不越好。食材与食材间相辅相克，一锅全入，弄得不好，完全失了本味。就好比这生活似的，本来就是简简单单的，没必要为求这个追那个弄得那么复杂。追求不到，糊了底，完全变了样。追求到了，被捧上了神坛，身上的烟火气就少了。

但你要说那不求吗？也不是。如果什么都不求了，那这锅粥煮得还有个什么意义！

2018 年 3 月 30 日于湘潭大学

我的编辑梦

从小，我就是一个爱幻想的孩子。

小的时候，我喜欢去小河边捡石块。当我把石块握在手心，我就会幻想它原本的样子，以及是经历了怎样一番磨难才变成了现在这样。我用塑料袋把它们装回家，打算给它们“立碑作传”——将它们的故事写成一个合集。可还没等我开始，我的父亲，一个伟大的现实主义者，就把我从我的“春秋大梦”里拉回了现实。

“你想做文学家?”

“嗯。”

“你做不成文学家，那太遥远了。”父亲说，你不能做一个仰望星空的人，你得脚踏实地。所以，在我的整个童年乃至初中时代，我一直脚踏实地地走着。即便偶尔来了看书写作的兴致，也只是浅尝辄止。关于文学，关于创作，我从不敢抱什么幻想。

高中的时候，我遇到了我们文学社的一位编辑老师。因为一次无意中的投稿，她特意把我叫到了办公室。

“你喜欢写作吗?”她问。我局促地站在那里，点头也不是，摇头也不是。

“那你喜欢让人看到你的文字吗?”她把新一期的报纸拿出来，让我看到我的那一栏。那小小的一栏，衬着绿色的边框，小小的，像一株长在角落里的小草，却又那么生意盎然。“你的文笔不错，希望你能坚持，以后有好的作品可以直接发给我。”她的声音软软的，像是绵绵的春雨飘在草叶上，听起来使人温暖愉悦。

从那时起，我便爱上了写作，也爱上了像她一样的编辑老师。编辑，它的神圣度不亚于站在讲台上授道解惑的人民教师，甚至他们的一次鼓励与赏识就能彻底改变一个人的一生。因此，我对父亲说，如果做文学家太遥远，那么我就做一个编辑。父亲摇摇头，说那仍太过遥远，他仍要我脚踏实地，把自己该做的做好。但我想，只要我爱，我便能把一切都做好，无所谓什么脚踏实地不脚踏实地的。

上了大学，我加入了学校一个报社。面试那天，面试官问了我一个问题，“如果要你放弃其他一切组织才能留在这里，你愿意吗?”我思考了很久，然后问他，“那我留在这里可以做编辑吗?”他说是的。于是我就说，如果能在这里做编辑，那我愿意。可是他最终却说，“但是你知道吗?做编辑需要很深的文字功底。”

冲着他这句话，我大一几乎天天都在看课外书。上课看，下课看，吃饭看，睡觉在梦中也看。余秋雨、林清玄、林海音、老舍、汪曾祺……我想把我所能接触的各种风格和流派的文章都给看了，集众家之长，包容各种，师父说，这是编辑所必须要做的功课。

做了必要的文字准备工作，我想，现在我应该是一名合格的编辑了吧?可事实上做一名编辑远没有我想的那么容易。除了文学范畴里的文字，征稿启事、插图文字，评论总结，这些算不得文学范畴里的文字也都需要拟定。此外，除去文字，版面设计与文章类型择定这一方面也得挖空心思去想。当我认知到这一点的时候，我突然觉得这个梦想确实太过遥远。我仿佛又回到了儿时那个场景，父亲举着那小小的石块对我说，你不能仰望星空，你得脚踏实地。

可是，我从小就爱幻想。若脱离了文字的想象，我还能做些什么呢？有的时候，我躺在床上细细规划我的一生，那些白领、工程师、执政者在我脑海中一一闪过，可没有哪一个是能令我注目良久的，它们于我的诱惑远没有一位编辑于我的诱惑来得大。那些闪耀着星星点点生命之光的文字，是我一直追寻并探索着的，我热爱它，如同热爱着我的生命。

张爱玲曾有一个天才梦，资质愚钝的我注定成为不了天才，也成为不了像张爱玲那样的人物。但我想成为一名编辑，在一个小小的角落里，默默耕耘着属于自己的快乐。

2017年5月23日于湘潭大学

何人斯

那是谁呢？

雨停了，绿叶在阳光下闪着金光，路面积满了一地细碎的影子。墙角边，一丛蔷薇正热烈地开着呢。粉嫩的瓣儿，丰盈的朵儿，还有那刚刚沾上没来得及拂去的雨珠儿，干嘛开得这样热烈呢？美人樱是开了一路的，一团一团，细细的朵儿透着冲天的香气，可是，干嘛香得这么透彻呢？还有那满树摇晃的金叶子，干嘛舞得这么欢快？女孩站在树下，心里早已积了一肚子怨气。

可是那是谁呢？

雪纺的白色外衣，紫色的碎花小裙，就那样站在路旁，冷冷的，谁也不理。风在吹啊，凉飕飕的，可她怎么就感觉不到呢？她在看什么呢？蓝天是被洗得干干净净的，云朵也是雪白雪白的。她看的是哪里呢？鲜红的花瓣落了一地，漫撒得这样不均匀，在新绿浅绿浓绿中不自然地仰卧着。她蹙着眉头，在想着什么呢？

那究竟是谁呢？

裙摆湿了大半，鞋子湿了大半，就那样傻傻地站着，不知望着哪儿出神。路过的行人瞧着她，忍不住就要说说她了，“姑娘，裙子湿了咧，回去换一下吧。”可是这对她能起作用吗？她回神瞧了瞧行人，睁着那双水盈盈的眸子望着他，“头发也湿了吗?”“可不，您瞧瞧，这头顶的叶子还滴着水呢！干嘛不站出来呢?”“额头也湿了吗?”“可不，您这脸上锃亮锃亮的，和那树叶同样闪着光儿呢！怎么，你不觉得脸上冰凉冰凉的吗?”“哎呀！我早起还画了眉儿呢！快帮我看看有没有花了呀。”行人瞧着她，可不，真画了眉儿呀！细细的，长长的，柳叶般钩在水盈盈的眸子上。

这水灵灵的姑娘究竟是谁呢?

“花了，早花了，瞧这若有若无的样子就知道是花了。”姑娘提起裙摆就要走，末了又忍不住说上一句，“要是，要是，要是等会有人来找，就说我半路上迷了道儿，一会儿，一会儿就过来了啊。”说完，又急急踩着那一道雨水噔噔噔跑远了。行人甚至都来不及叫住她，好好跟她说一说。谁说你眉花了呀，这深浅适宜的样儿正好呢！

这傻姑娘，她究竟是谁呢?

2017 年 4 月 25 日于湘潭大学

早春花事

玉兰

二月刚刚起头，玉兰就悄悄舒展了瓣蕊。往往是一株很高大的玉兰树，上面镶满白色的一团，地上还铺着绵软的一层。远远望去，就像是一场缤纷的雪，在二月里，落出极致的浪漫。

学校的玉兰分两种，白玉兰和红玉兰。白玉兰，恰恰如她的名字，叶瓣纯白如玉，素净清雅。红玉兰花瓣外层为紫红，像洋葱，花瓣里层却是纯白。若远看，只看得到紫红的一团，但凑近了，红瓣里透出的些微的白，却有一种端庄典雅的姿态。

玉兰花开时很少见到叶，只有一根光裸的灰褐枝干托举着，这种毫无雕饰的样子倒有一种“布裙荆钗”的美感。王维曾有诗云，“木末芙蓉花，春来发红萼。涧户寂无人，纷纷开且落。”玉兰是安静的，它的绽放与凋零无须告诉任何人，但只要春天到来，它便准时守候在枝头，你只要见到它，心里自会升腾起无限的怜爱与温暖。

山茶

与玉兰“齐头并绽”的是山茶，事实上，山茶比玉兰还要早。

早在年前，山茶就开始偷偷结苞，将一冬的力量蓄藏在苞间。等到了一二月，山茶就开始打朵。红色的如火，白色的如玉，在一丛绿叶中昂然挺立着，像战士一般抬起骄傲的头颅。

谁说它不是战士呢？从十月到次年五月，这横跨冬春两季的花期除了它还有谁呢？在最寒冷的时候开始蛰伏，耐过严霜与冰雪，然后盛放，到了众花凋谢的时候还继续用最后一丝气力给暮春画上结点，这样坚忍顽强又极富使命感，不就是花中的战士么？

在与时间的对抗中，山茶获得了永生。

迎春

三月初，开得最热闹的当属迎春。迎春是一树一树开的，仿佛是怕你不知道春天要来了似的，一个劲儿地开满花枝。

迎春的花朵明黄娇柔，看到它，很容易使人想起“忽见陌头杨柳色，悔教夫婿觅封侯”这一句诗来。她就像一个少妇，蕊间藏着敏感纤柔，瓣上却盛满了天真烂漫。它就像等待良人一样等待春天，偶然会露出点点忧愁，但更多的时候都充盈着美好的期待。

迎春大多长在坡上，嫩绿的枝叶盈盈垂下来，一直垂到地面，楚楚动人。但你以为迎春只会低垂而长吗？不！迎春一旦往上生长，那场面绝对惊心动魄！学校一教后面就有迎春往上生长，她们将枝叶紧紧缠住香樟，然后顺势跃上枝干，疯狂地结着明黄的花朵，将一棵树映衬得亮堂堂的。这时候的它们早已不是那只会等待的妇人，而是那夜奔的红拂，洒脱直率，豪情满怀。你不过来，我就过去，就这么简单。

无论是哪一种状态，迎春对春期待的热度永远不减。

桃花

三月中旬，桃花开始挤入春的时间。在此之前，春还一直处于单薄瘦弱的状态，桃花开后，春才算是真正丰满起来。

桃花是怎样的呢？粉嫩的花瓣，五六片撑开一朵。里层生着一二十根蕊丝，蕊丝上是淡黄浅白的蕊头，还带着点点花粉。桃花是最懂得打扮自己的，这红粉白面一涂抹，周遭的一切顿时就失了颜色。

姑娘最喜欢桃花，桃花一开，便三三两两围在树下赏桃折桃，人面桃花相映红在这时被诠释得恰到好处。桃花得带枝才好看，细长的枝或直或曲，枝上常带几片绿叶，有的地方还露出一点浅黄的芽，红绿黄这样一交织，便织尽了一方春色。折来的桃花插在细口瓶里，灌满水，便能存活六七天。每天醒来，当看到窗前那瓶春意蓬勃的桃花，一切不顺心的事便都烟消云散了。

与花草为伴，总使人心生愉悦。

海棠

与桃花相媲美的当属海棠。海棠赶在桃花的后脚开放，一树一树，娇艳欲滴。

海棠种类繁多，学校常见的是垂丝海棠。垂丝海棠花梗长，花瓣薄，通常三四朵攒聚在一起，低垂着头，将花枝拉得低低的，给过路的行人一个亲近的机会。

海棠不可带枝，海棠须得配着绿叶一朵一朵地赏。它们就像是古代的闺中小姐，有足够的资本让你做最细致的观赏，囫囵吞枣似的赏玩它们是绝对不能接受的。

海棠是最复杂的一种花，既艳丽，又清雅，既热烈，又含蓄，既含愁绪，又兼烂漫，让人摸不清它的脾性。也正是因为它的复杂，历来才会受各类世人所爱。海棠的美在于艳而不俗，雅而不傲，将一切包容于内，故而在雅俗间能取得最平衡的状态。海棠一落，早春的花事也就走到了尽头。

2017 年 3 月 29 日于湘潭大学

紫薇花记

时令刚入秋，路旁的紫薇便稀疏零落起来。

记得是在夏季，沥青的公路被晒得滚烫，郁热的风迎面而来，直吹得人心肝郁结，神思恍惚，让你不知今夕是何夕，此身是何身。然而，就在那一条条宽广笔直的马路、街道上，那一树树紫的、红的、白的紫薇花就那样开了，恣意昂扬。明亮清新的色彩扑地飞入行人眼底，只如一壶清泉灌入心田，瞬时便使人燥气湮灭，头脑心思重新活泛了起来。

这便是紫薇，越是酷暑，便开得越盛壮。一簇一簇、一团一团，像是要挤满你的整个眼球，让你的眼中心中只容得下它的影子。这般的骄纵，这般的霸道，活脱脱一个刁钻蛮横的小姐。然而紫薇的骄纵与霸道是使人恨不起来的，因为它又是那样的纤柔可爱，让你一看到就忍不住想去呵护，去疼爱。

在我所见过的花中，紫薇大概是最惹人爱怜的。迎春虽也娇柔，但却自有其生机活力，不像紫薇，完完全全显示出一种需要被爱怜的姿态。它的瓣是那样地细小，一层层叠着、舒展着，将明黄的心蕊裹在一片粉嫩之中（紫薇花有红、白、紫几种，但最常见的还是一片粉红）。它的粉嫩的花瓣比蝶翅还要薄，从蕊头由一根细丝搭过去，在风中微微颤抖。是这样的娇嫩呀，怪道梅尧臣在写它时不无爱怜地说，“薄薄嫩肤搔鸟爪，离离碎叶剪城霞。”

关于前人写紫薇的诗句，印象最深的还是白居易的那首“丝伦阁下文章静，钟鼓楼中刻漏长。独坐黄昏谁是伴？紫薇花对紫薇郎。”关于这首诗中白居易“紫薇花对紫薇郎”的由来，汪曾祺在他写紫薇的一篇文章中有解释，这里不再赘述。这里看这首诗。极静极美的一种状态：黄昏日光穿过亭台阁楼，漫洒在庭院里，一地金黄。钟鼓楼中，刻漏的滴水声在一滴一滴地响着，时间就这样在耳畔间轻轻溜走了，可我们的诗人在做什么呢？他正对着一树粉嫩的紫薇花读文章呢！紫薇花是那样的娇柔，对着它，即便一天的时光消磨了去又怎样呢？“紫薇花对紫薇郎”，一个有貌，一个有才，简直不能太好！

面对诗人，紫薇是矜持的，它要展现自己极静的一面。但一旦它躁起来，那景致简直无可比拟！整个天地都要被它改变！“雅当翻药地，繁极曝天衣。”这样的盛状，简直摄人心魄。静则极静，盛则极盛，这便是紫薇。

从六月到九月，紫薇的花期跨越百日，故又有“百日红”一称。过了百日，秋风一起，紫薇也就零零散散地落了。

紫薇花落的时候尤为伤感，那些一贯伤春悲秋的女孩子不要多看，弄不好，就惹了一身愁思悲绪回来，拂也拂不去，掸也掸不开。因为它身轻，因为它细薄，风一吹，就零零散散地铺在草地上，像是奄奄一息的消瘦憔悴的病美人。那些细细碎碎的瓣儿，像是她还未来得及说出的话，只好用一地碎影替代。这些，像极了人这琐碎繁杂的一生。由物及人，难免会生出诸多伤感。况且它曾经还那样天真浪漫过，骄纵霸道过，如今这样七零八落，怎不断人心肠？

刚来学校的时候，紫薇开得甚好，尤其是琴湖的一片，红一团，白一片，大有“繁极曝天衣”的姿态。如今算算，紫薇也到了凋零的季节。前人写花的诗文有很多，但对于紫薇却记述得很少，故此著文一篇，题为“紫薇花记”，以寄爱物情思。

2017 年 9 月 17 日于湘潭大学

咸鸭蛋

说咸鸭蛋，就不能不提起高邮。高邮咸鸭蛋有名，清朝时期，我们的大散文家、评论家、美食家袁子才就提到过，“腌蛋以高邮为佳，颜色细而油多，高文端公最喜食之。席间，先夹取以敬客，放盘中。总宜切开带壳，黄白兼用；不可存黄去白，使味不全，油亦走散。”这算是高邮咸蛋第一次被大美食家正式点名。到了近现代，高邮本土作家汪曾祺写了一篇《端午的鸭蛋》，算是真正把高邮咸蛋推到了咸蛋界坛主之位。

高邮位置条件好，水乡，多鸭。鸭多了，鸭蛋也就多了，鸭蛋多了，腌蛋也就慢慢成了一门技巧。年来月去，自然就掌握了其中的技巧。自家美食闻名了天下，这本该是件高兴的事，可汪老却说，对异乡人称道高邮咸蛋不大高兴，好像那穷地方就出鸭蛋似的。这话怎么说呢？高邮咸蛋闻名，这是明明白白的事，汪老这一说，倒像是有点“项庄舞剑意在沛公”的意思了。若说汪老对自家咸鸭蛋完全不在意倒也不是，只是汪老希望大家更多关注自己家乡那些未被大众发觉的文化与文明，而非仅仅是对这早已闻名的咸鸭蛋投来注目礼，故而咸蛋在这里就成了个白脸角色了。

高邮多出双黄鸭蛋，对于这，汪老虽说“还不就是个鸭蛋”，颇有点少见多怪的意思，但对于他乡爱吃咸鸭蛋的人来说，咸鸭蛋中出双黄，那就像买彩票中奖一样，得要有足够的眼力与足够的运气才得以促成这一偶然事件。

咸鸭蛋精华部分在其蛋黄处。一枚咸鸭蛋，蛋白占了三分之二，蛋黄占三分之一，有时，连三分之一都不到。鲜、细、松、沙、油、香，这是一枚优质咸鸭蛋的认证标志。鲜细，说的是蛋白，松沙油香，说的是蛋黄。咸鸭蛋蛋黄最好能带点红，以橘黄色和朱红色为最佳，我之前有吃过淡黄色的一种，那简直和鸡蛋没两样，又不香，又不沙，简直是咸鸭蛋中的坏蛋。真正好的咸鸭蛋蛋黄很香，入口有细沙般的摩挲感，油质也多，有的都成了露状油珠子，那吃起来才是别有风味。

记得第一次吃到咸鸭蛋，是在初中的时候。那时，我的一个同学家里主要养鸭，一家子腌了好多咸鸭蛋。有次来学校，她带了一袋子咸鸭蛋来，给了我们宿舍每人一个，还说，是家里特意做的，味道非常好。那时哪知道咸鸭蛋的滋味呀，一吃，只觉得咸得舌头都麻了，吃了一半不到就背着她偷偷扔了。后来看了汪曾祺写的咸鸭蛋才知道，哦，原来咸鸭蛋是这样的呀，心里对它也改观了几分。再吃几次，味道果真不错。那句“筷子头一扎下去，吱——红油就冒出来了”，我到现在还记忆尤深。只是现在还未遇到筷子扎进去，红油就冒出来的咸蛋，深以为憾。

今天去食堂吃午饭的时候，看到窗口有切开的咸鸭蛋，红红白白，煞是好看，遂便要了一份，另有一份煎鱼。第一次吃切开的咸蛋，还真是受宠若惊，要知道，带壳切开，那可是席间待客才有的待遇。坐下来的时候，有些无从下手，就一直剥蛋壳，剥得满手是油。后来坐在对面的女生实在看不下去，就说，“咸鸭蛋不是这么吃的，你得要拿着勺子往里挖，不用剥。”那一瞬间，面子上是有点挂不住了，虽是个吃咸鸭蛋的小事，但那女生的口气，仿佛是在说你不讲究似的。但人总要给自己找个台阶下，于是就从包中掏出一张纸，擦擦手中的油，然后说，“没事，反正都快剥完了。”最后，在她的注视下，我还是佯装淡定地剥完了那两瓣咸鸭蛋。

谁让我是个乡下人呢？乡下人吃东西只知道剥，哪知道还有这么斯斯文文的吃法。再说，那些个铁皮勺子，在餐桌上，我始终认为它只该用来喝汤。

2018 年 6 月于湘潭大学

且听穿林打叶声

清晨，还未感觉到寒意，便先听到了雨的声响。淅淅沥沥，像是落在枕边，却又分明在窗外跳跃。睁开眼时，并不急着起床，只是懒懒地趴在床上听了一会儿雨。雨声本就慵懒，何况还是这样一场缠绵的春雨，能不使人犯懒吗？

春雨不适合赏，春的烂漫葱茏只合用风来撩拨，雨的寒凉只会令人对春心生疼惜。若这样说你无法理解，那就想象一下春和雨的相遇吧。一个阴沉的春日，漫天的雨丝在空中凝结，葱茏的碧树在这雨丝的笼罩下失了色彩，新生的花瓣也被这雨水打得渐次零落，若是有诗人经过，或许他还会吟出“眼随片片沿流去，恨满枝枝被雨淋”这样的诗句。这样的凄凉，怎还是那个生机蓬勃的春呢？春雨赏来着实不妥，但你若真爱雨，听一场雨也未尝不可，春日听雨，也别有一番风味。

听雨，当先有一扇窗。窗开得无须太高，和你齐肩的高度已是足够。窗还得用木制，玻璃的窗雨打上去会留下一串长长的水痕，看起来有些凄迷，弄得不好反倒搅了听雨的兴致。木制的窗子中间镂空，镶在白白的墙壁上，外面再种上一排树。树最好是香樟，香樟的叶子不似芭蕉那样硕大，也不似杨柳那样细密。芭蕉叶大，雨滴落的时候就会显得迟缓冗长，像是晚间的更漏一般，凄清惆怅。杨柳叶细，雨打在上面倒听不出声响，只看得到密密的雨笼罩在上头，像是凝结着的无穷的愁思。这样，雨还未听着，反倒先落了一身哀婉惆怅，思来也是无趣。

窗下置矮榻，榻上置矮桌，桌上再置纸和笔，又或者再置一份茶和花生米。一切准备就绪，现在你就可以盘曲着腿在榻上坐下。雨声是持久的，时急时缓，沉潜有度。听着雨声，你的心绪也会跟着雨声沉潜起伏，落笔时，文字仿佛都带了雨的水汽，湿漉漉，水灵灵的。窗外的雨声伴着落笔时的沙沙声，到最后，你甚至都分不清哪一个是雨声，哪一个是笔尖与纸页的摩挲声。

临窗听雨固然雅致，但若进到林中树下听雨更是意蕴绵长。雨势不大无须打伞，伞把雨和人隔开，总做不到最亲密的接触，这样也无法探知各自内心最深处的声音。樟树的叶子是清香的，这在树下闻得更加分明。不同的叶落出的雨声不同，大的叶沉闷而持久，小的叶清脆而短促。这就有点像白居易《琵琶行》里写的那样，“大弦嘈嘈如急雨，小弦切切如私语。”高低起伏，错落有致，倒谱出了一点音律来。树间的雨声是沙沙的弥响，瓦沿的雨声又是淅淅沥沥，等落进了水渠，又转换成了叮叮咚咚。一场看似简单的雨，变着花样谱出一阙又一阙不同的曲调，你不得不承认，雨确实够灵动聪颖。

听了十多年的雨，也看到许多写雨的文章。蒋捷就有一首《虞美人》写他人生三个不同时期听雨的感受，词是这样，“少年听雨歌楼上，红烛昏罗帐。壮年听雨客舟中，江阔云低、断雁叫西风。而今听雨僧庐下。鬓已星星也。悲欢离合总无情。一任阶前、点滴到天明。”但读来总感觉太过凄凉，少年靡废，壮年忧思，老年无奈。他听的雨总和自己捆绑在一起，算不上是雨真正的倾听者。要我说，听雨，还是得放开一切，怀平和之心为最好。

2017 年 3 月 24 日于湘潭大学

春风沉醉的黄昏

黄昏的风太过缱绻，令人想洒脱都洒脱不起来。这才是三月初，可黄昏却比任何时候都要来得温柔。

暮色里，她拨开长满杂草的草丛，顺势坐了下来。落日敛去了最后一丝余热，缓缓没入高楼之中。天空是绛紫的，又涂抹着一层淡淡的金粉。这样的黄昏，该是要勾起人多少的回忆。她整了整紫色的碎花小裙，然后以手支额，凝眺着远方。

有时候，回忆真不是个好东西。这样想着，她又换了个姿势，将手托在后脑勺，躺进了草丛里。大家都说她多愁善感，可那不过是她喜欢将自己的回忆无限放大罢了。就像现在这个样子，在旁人眼里，肯定又是一副伤春悲秋的模样。她喜欢将心事埋在心底，这样就算是忧伤吗？可她又不得不承认，有时候，她是想得太远太深，以至于总流露出一副心事重重的样子。她又何尝不想洒脱一点呢？可是就像这满脸缱绻的风，让她如何洒脱得起来。

这个时候，她好想要一壶酒。不要太过甘洌，也不要太过浓烈。甘洌的太清醒，浓烈的又太辣喉，她想要的只是一壶香醇的琼浆似的美酒。再要一只拇指大小的酒杯，对着春风，在黄昏中自斟自饮。回忆入了酒，酒浸透了回忆，喝起来才别有一番风韵。

只是她又想起，医生嘱咐过她，身体不好，不适宜饮酒。

“看吧，连这样一个小小的愿望都无法满足你。”她一面这样说着，一面又望向深邃的天空。虫鸣在她耳边嘶嘶地响着，像是她重复了无数次的梦境。

头顶的星逐渐移向了西南角，一弯浅白的月有了淡淡的轮廓。她站起身，发现远方已燃起了几盏昏黄的灯，她转身向黑暗中走去。没有人发现，月光下，一只透明的酒杯被遗落在了草丛里。

2017 年 2 月 16 日于湘潭大学

冬日海棠

真真就那么两枝海棠！在柯枝间昂着首，穿透这冬日的岑寂。那灰沉沉的远天，那凋敝的老树，因着这两枝海棠的陪衬，霎时都明艳了起来。这情景，就好似一棵枯柳饱蘸了春水，便迅速抽出嫩芽，然后由黄转绿，将一片绿意倒映入行人眼底。

该如何去描绘呢？工笔太细，水彩太浓，素描又太过单调。这样的海棠，还是得用摄影家的镜头来捕捉才是。可是，那镜头里的海棠，独独又少了分灵气。要我说，看海棠，看冬日的海棠，还是非得亲自来不可。

萧瑟的寒风卷落大把大把的枝叶，阳光挤破厚厚的云层，成一线流泻下来。雾开了，候鸟盘旋飞转，一声一声啼唤着。于是，在那光秃秃的枝干间，两枝粉红的海棠绽开了。两枝，就两枝，少了太单调，多了太繁杂，两枝，刚刚好。惺忪的花瓣层层叠着，一面渐染得深红，一面又是纯白透彻，如春日里初醒的少女，打着哈欠，慵懒地睁开水汪汪的眼睛。

真是慵懒又潇洒！站在树下，你不由得生出这个念头。以这样的姿态在冬日里生出的，你还没见过几个呢。这就好像是红楼里的湘云，醉卧石榻，憨态可掬。它这醉倚枝头的形象，自然洒脱处恰有文人之气，娇憨恬静处又有大家闺秀之风，何况还是生在这样一个寒冽的冬日，这样一个寒冽的枝头，能不惹人怜爱吗？

记得未出门时，我还笑好友，“冬日，除了呼啸的寒风和满地枯朽的叶子，还能有什么？”直到她指着那两枝海棠兴奋地喊道，“看，那两枝海棠！”我才惊觉，冬日，原来还有这样可爱生命的存在。

忽地又记起曾和父亲一同去静山看花，那时正值春分，正是山茶花开得旺盛的时候。临行前，父亲整顿许久才将我们登山所需的物件备好。等我们赶到山脚的时候，早已是黄昏时分。“就算上了山，也是天黑了，还有什么好看的。”我低声埋怨着，父亲却始终没有说话，只是牵着我往山头行进。临近日暮，日光浮动在山间松林里，浅浅的，还裹着春的温和。山的这一边天已转为淡紫，亏着山那头橘色的暮云映衬着，才不至于坠入暗沉。

我们上了山，在一棵松树旁坐了下来。太阳这时已偏离了林梢，山中静悄悄的，只有几声清幽的鸟鸣。丛林里花草已辨不清颜色，只隐约地显现模糊的轮廓。父亲递给我一瓶水，转而指着山那头说道，“看，那落日。”

那是怎样的一轮落日啊！低低的穹宇下，那一轮火红的太阳正携了满腔的热情向山坳中隐去。这不是大漠，也没有长河，但落日还是那样的大，那样的圆，像是涂着橘色的在眼前放大了无数倍的铜钱。小溪在夕阳下泛着点点光波，如同一面金色的镜子，将周遭的一切折射得耀眼炫目。那个黄昏，我们就那样一边喝着水一边看着落日逐渐沉下山坳，忘记了来时的抱怨与辛酸。

记忆重重叠叠，如今竟与这海棠纠缠在一起，给我以猛的一击。生活总是这样，在你不经意间给你以惊艳的一笔。就像那日的黄昏，就像此刻的海棠，总是不经意间触动你的心扉。常怀一颗平和之心，对生活充满生的期待，蓦然间，惊喜便会到来。

冬日，当我走过泽园时，我被这两枝海棠惊艳到了。

2016 年 11 月 20 日于湘潭大学

人间清秋

秋的来临，始于林间的一阵轻风。由北而南，自西向东，遍布山野。

于是，叶开始掉落，扑簌簌地砸向地面。偶尔踩上去，便发出窸窣的脆响，像是生命发出的最后一声。仰头望去，曾经葱茏的树木如今只剩下光秃秃的枝干。遒枝向着高渺的天空无限延展，郁郁苍苍。天空是清远的，云层微淡，像是被雨水洗净一般，澄澈清明。时而，几只鸿雁盘旋飞过，嘹亮的叫声便自头顶扩散开去，响穷清秋，真是应了那句“云淡孤鸿远，风过数枝稀。”

冬宜煮酒，春宜赏花；夏宜憩凉，秋宜烹茶。茶能降火清肺，与秋风搭配是再好不过。篱笆围成一个小院，竹木搭成一个凉棚。一张矮几，一个火炉，一柄铁壶，一把蒲扇。三两个好友围炉而坐，行个茶令、猜个谜底，输的人且拿着扇子烹茶去吧！等到茶烟自中央弥散开来，夹带清新的茶香，便给你斟一杯七分满，再来评赏诗词歌赋，或说一些近来发生的趣事。虽不似古人那般高雅，但像《浮生六记》里的那般惬意闲适总该有的吧！

秋是属于静谧的，沉稳安恬。但你若是真想找点热闹的，不妨去市巷里转转。经过一季的丰收，市巷里早已是瓜果蔬菜的天下了。黄澄澄的柿子、青黄的橘子、紫得发亮的茄子……各式各样的物种占满了一道又一道，真让人眼花缭乱。站在市巷中心，挑夫的叫卖声、商贩的吆喝声、妇人大刺刺的砍价声……一切尽收耳底。若是累了，便寻一处铺子坐定下来。豆腐花、羊肚汤、鸭血粉丝……一道道诱人的美食也随秋风在街巷里肆意奔走，直馋得人垂涎三尺。市井的秋，虽然带几分俗气，却也不失特色与安逸。

雅趣应有，俗尘也该沾染几分。可雅可俗，方是人间清秋。

2016 年 9 月 1 日于湘潭大学

西窗夜话

还未来得及看见夕阳，夜的帷幕便悄然搭开了。阴沉的天气，湿冷的风“呼呼”地从窗户缝里蹿了进来，完全没了往日那股“温柔气”了。晚间刚过，雨点便开始落下。啪嗒啪嗒地，由最初的如毛细丝到如今的豆点乱砸。嗬，它倒是痛快了！

“这恼人的天气！”听着玻璃窗上乒乒乓乓的声响，我不禁低声咒了起来。

友正忙着手中的事，听到我的咒骂，头也没抬，只说，“你不是最喜欢冰心那句‘病中，静中，雨中，是我最易动笔的时候。病中心绪惆怅，静中心绪清新，雨中心绪沉潜’吗？现在刚好，你三样都沾了。你可以安心动笔了。”

“这却是不一样了。”

友停下笔，一脸兴味地望着我，“有什么不一样的？”

“若是今夜没下雨的话，我肯定出去散步去了。”

“那又怎样？”

“你可以想象，一脉漆黑的夜空中，几颗星子忽闪忽闪的。月色或许很朦胧，几朵柔软的云儿轻轻地遮了它，又轻轻地远了它。在这忽明忽暗的光影中，草丛里肯定有些小虫子，它们轻轻地歌着——”

友打断了我的幻想，“你怎么知道今晚就会有月光，就会有星子，就会有小虫呢?”

“谁知道呢? 也许就是为了成全我，一个天地都变了。”我辩道。

友忍不住笑了起来，“你这句倒是化得妙。但为什么不是明天、后天、大后天，非得是今天呢?”

“这散步啊，得在一个恰当的时候。林间得有一阵恰当的风，风里还有一股恰当的柔。我们走一条恰当的路，说着恰当的话，当然，最重要的——”说到激动处，因着前几日感冒的缘故，我不禁又咳了起来。“这恼人的天气!”我一边咳着，一边还不忘咒骂。等到那一阵不适过去，又接道，“还得有一个恰当的心情。而正如你所见，今天，我就有这样恰当的心情。”

“应该还有些什么。”友接道。

“什么?”我抽出一张纸，疑惑地望向她。

“一个恰当的身体。”说着，她拿着纸杯接了一杯热水递给我，“我的朋友，在你计划那些之前，是不是先得把病治好呢?”

我看向她，四目相对，两人不约而同都笑了起来。

2016 年 5 月 19 日于湘潭大学

黄昏漫谈

黄昏将天幕拉了开去。蓝色的底板上，淡黄、橘黄、浅红、朱红……诸多色彩一层层涂抹开来，绮丽、烂漫。阳光更柔和了些，像是年老的人吐出的一口气，平缓，舒和。河水缓了，飞鸟倦了，林间，只有几片叶在静静地凋落。

“我喜欢这黄昏”，像是为了印证般，我翻开那本小册子递给友，“在这时，所有的颜色都已沉静，而黑暗尚未来临。”

“终究是有些伤感。”友在一株榕树旁停了下来，夕阳投射过来，在她的脸上镀上一层淡淡的金辉，“在这时，所有的故事都已成型，而结局尚未来临。”她合上本子，用充满悲凉的语气说道，“若是不完满的结局，该是多令人惆怅。”

“我喜欢不完满的结局。结局太过完满，反倒有些不真实了。”

“所以，你总是悲观。”她怜悯地望向我。

“不，这不是悲观”，我争辩道，“只是安于接受生命所赠予的一切。”

“所以，即使你生来是一个乞丐，你也接受？”

“那倒不是。努力总是需要的，但既然故事都已成型，我还奢望去改变什么呢？”

“乐天安命。”

“嗯。”我点了点头，“虽然听起来有些迂腐，但也不失为一种人生态度。”

友笑了笑，抬手捋了捋额前的鬓发，说，“在你身上，我仿佛看到了古代儒生的缩影。”

“什么?”

“矛盾纠结体。”友笑着说道，“就像是仕与不仕一样，很矛盾的事物。”

“呵呵”，我也笑了出来，“矛盾总是无处不在的，关键是你怎么看。”

说话间，天边的霞红已转为一片淡紫，远山有些看不分明了。

“那我们现在去哪?”友望着霭霭的暮色，问道。

“回去吧，作业还是要完成的。”

“毕竟，故事还未成型。”友笑着说。

“孺子可教。”我笑着拉着她沿小径折了回去。“快走吧！晚了故事可就要成型了。”

风轻轻地吹着，带着黄昏特有的温柔。天幕上，一弯银白的月已有了朦胧的轮廓。

“咦，这是不是叫‘尽人事，听天命’?”友打趣道。

“是呢!”我有些想笑，却终究还是忍住了。只是草叶间，虫儿又开始低鸣了。

2016 年 5 月 15 日于湘潭大学

暂向人间寻百味——拾味人间

他还是喜欢别人叫他老头儿，简单，直白。就像这生活，简单，平凡，却受万千人钟爱。

萧红的寂寞

夜静时分，皓月当空，星辉满床。向月而歌，有人心中住满月光，有人则满含悲凉。在那样一个由战乱点燃愤怒与理想之火的年代，人人应该是拔刀呼号，血液沸腾的，而萧红则异乎寻常的冰冷。萧红是寂寞的。

“严冬一封锁了大地的时候，则大地满地裂着口。”一开始便是这样的触目惊心，像是对着一幅壮锦，要撕碎了才可见生命的力度。鲁迅说，悲剧就是将美好的东西撕碎给人看。萧红惯于撰写悲剧。

试着将萧红与张爱玲并置一条轨道。二者经历相似，笔触相似，连对生命的悲叹也相似，但各自又有着各自的泾河与渭河。张是淡漠的，是以贵族式的俯瞰觑着凡尘的红男绿女，因此张对于人世多讽刺。而萧则是冷峻的，是以平民式的游走穿梭人世，打量人物，最终只剩下对生命的叩问。“生命是一袭华美的袍子，爬满了虱子。”张爱玲的句子是一根细细的针，扎在人身上，轻易地就挑动起人的脆弱的神经。“满天星光，满屋月光，人生何如，为什么这么悲凉?”萧红的句子是一把小小的刀，剜在人心口，嚯地就将人心口裂出一个洞来。张是孤独的，而萧则是寂寞的。

孤独是环境的孤独，而寂寞是心境的寂寞。

生命本该是一座孤岛。小小的人如一颗小小的种子，被扔进岛中，寂寞地生，寂寞地长，若要热闹些，大抵也不过是孤岛与孤岛间投来些注视你的目光，而那生长的苦与痛，喜与乐，也不过是你独自地默默地咀嚼着，吞咽着。因此，说到底，人是寂寞的。

萧红觑见了人类的寂寞。

因而，萧红笔下的呼兰河是大片大片的荒凉与萧索。“天空是灰色的，好像刮了大风之后，呈着混沌沌的气象”“那粉墙里的歌声，就像一朵红花开在了墙头上，越鲜明，就越觉得荒凉”“磨坊里那打梆子的，夜里常常是越大越响，他越打得激烈，人们越说那声音凄凉”……世人不大喜欢这样的荒凉，于是来了团圆媳妇，呼兰河热闹了一阵子，团圆媳妇又死了。终年寂寞的磨倌结了婚，呼兰河热闹一阵子，不久，磨倌媳妇也死了。这些故事一开始被热闹地说着，可说着说着也就不热闹了。人人都屈服于这种荒凉了。

萧红对于这种荒凉太过敏感，敏感是寂寞的温床。

感情挫败、漂泊异乡、战火纷扰、病痛折磨，短短30年时间，萧红饱尝了人世的艰辛与无奈，因而她的对于生的痛苦与死的挣扎的描写才那样力透纸背。1940年，萧红蛰居香港，心理上的极度苦闷与情感上的极度脆弱促使了《呼兰河传》的诞生。呼兰河城里有萧红童年的快乐。但也并非全然是快乐。呼兰河热闹且寂寞。跳大神、放河灯、看大戏、赶大会、邻里的纠纷与邻人的哭笑，一日一日，一年一年，在呼兰河这座小城里单调且刻板地重复着。小小的萧红在这片原始、单调的大地上热闹且寂寞地生长，也重复着小城的热闹与寂寞。祖父后花园里明晃晃的花草昆虫、冯歪嘴子磨坊里热气腾腾的年糕、有二伯稀奇古怪的生活哲言……如果不是此时寂寞苦闷的心境，萧红的呼兰河或许会多些明丽的色彩。

只是此时死神离她很近，萧红对于死亡有着超乎常人的感知。“一年四季，春暖花开，秋雨，冬雪，也不过是随着季节穿起棉衣来，脱下单衣去的过着。生老病死也都是一声不响的默默地办理”“再一看，祖母不是睡在炕上，而是睡在一张长板上。从这以后祖母就死了”“春夏秋冬，一年四季来回循环地走，那是自古也就这样的了。风霜雨雪，受得住的就过去了，受不住的，就寻求着自然的结果。那自然的结果不大好，把一个人默默的一声不响的就拉着离开了这人间的世界了。至于那还没有被拉去的，就风霜雨雪，仍旧在人间被吹打着。”因着这份敏感的感知，呼兰河的记忆便爬满了热闹与寂寞交织的悲凉。

萧红是冷峻的，在悲壮的斗争的大时代，她非是如同其他文化人士一样投身时代的洪流滚滚向前，而是跻身时代边缘，以一种庄严而肃穆的笔调对这一时代进行着从头到尾的审视。“默然忍受命运暴虐的毒箭，或是挺身反抗人世的无涯的苦难，通过斗争把他们扫清”，萧红对莎士比亚的“生存毁灭问题”应是有过深入的思索。“在乡村，人和动物一起忙着生，忙着死，大片的生死轮回着，和十年前一样”。萧红用一把小小的刀子，借着中国北方落后的小小乡村，将生与死的场域割开，将人类的生与死与抗争赤裸裸摊开在人眼前。人是活着的，可是是像牲口一样地活着的。“蚊子似的生活着，糊糊涂涂地生殖，乱七八糟地死亡”（胡风语）。人类被扔进了生命的孤岛，麻木而勤恳地耕耘在暴虐的命运之神的统治之下，同牲畜一样原始而自然地生长。天地是混沌的，日月是混沌的，生死也是混沌的。这些人如蝼蚁一样寄生在这片大地上：腐烂臀部长蛆虫的女人、如鱼似的裸身趴在土炕上生产的妇人、坟场上乱七八糟的静静伫立的土坑子……如同抽筋剥皮，人的现世的生死悲喜就这样赤裸裸血淋淋地摊开在人面前了。而这些人，仍是无知无觉，就这样愚昧且麻木地活着。直到硝烟卷进了这个小小的天地，大片的死亡与疼痛刺痛了这群人的眼睛，于是，对于生的愤怒与死的挣扎才逐渐醒转，人类开始挺身反抗人世无涯的苦难了。但战争只是《生死场》的局部，萧红的野心不止于战争。“从前恨男人，现在恨小日本子”，仅仅只是关乎日本子吗？“我恨中国人呢！除外我什么也不恨。”苦难并非完全源自日本，而是人类对于欲望的贪婪。

萧红是残忍的，像是在人体上运刀割瘤，割完了，还要拿给你瞧，“看，这是你的瘤”。这一点，与鲁迅同出一辙。故而，萧红与鲁迅一样，都是一个寂寞的斗士。

斗士大多寂寞。因斗士习惯于独来独往，有着异于常人的举动，故而人们对于斗士常充满着各种幻想。萧红在那个时代太过异类。敏锐的细致的女性观察，个人的情绪化的抒情，逆时代性的生长，萧红注定寂寞。人们惊叹于她新鲜的遣词造句与书写方式，对于她的天才，他们肯定，但对于她的前卫，他们有所保留。但她说：“有一种小说学，小说有一定的写法，一定要具备某几种东西，一定要写得像巴尔扎克或契诃夫的作品那样。我不信这一套，有各式各样的作者，有各式各样的小说。”萧红自信，在创作上，她极度追求自由与个性，如同她的为人处世。但标新立异必然引来世人的目光，好事者往往从中催生传奇。于是，“当我死后，或许我的作品无人去看，但肯定的是，我的绯闻将永远流传。”一语成谶。

萧红对这样的结果早有预知，她太过洞察人性。女性背负的枷锁太多，成名的女性背负的枷锁更多。她并非循规蹈矩的人，特立独行的习惯注定了她的私生活要一次一次地被他人窥视，咀嚼，流传。故而，临死之际，她说：“我将与蓝天碧水永处，留下那半部《红楼》给别人写了……半生尽遭白眼冷遇，身先死，不甘，不甘！”以萧红的个性，定然是拒绝后人对她的书写，要书写，也只能是由她自己来书写。只是31岁，她就过早地，寂寞地死去。

“女性的天空是低的，羽翼是稀薄的，而身边的累赘又是笨重的……我要飞，但同时觉得，我会掉下来。”倘使你能再飞高一点，飞远一点，多好。

2020年7月10日于湘潭大学

日暮酒醒人已远

——许浑和他的江湖

“小舟从此逝，江海寄余生”，日升月落，行吟江湖，有些人心里是轻松的，有些人则是落寞的。

在中国历史上，再没有一类人比文人更懂得江湖的滋味。一方面，他们流连魏阙，渴望一生所学能有用武之地，一方面，在不断的辗转奔波后，他们见惯了朝堂里的蝇营狗苟，受够了明枪暗箭的中伤，那种如蚁啃食的痛感又让他们怀念起江湖的简单与安宁。而当他们真被放逐江湖，多年来的委屈与不甘又使得他们逐渐黯淡的魏阙之心再度被点燃，于是，在不断的来来回回之中，有人了悟，发出“世事一场大梦，人生几度新凉”的感喟，从此后自得其乐，随遇而安，有人则“身在江海之上，心居乎魏阙之下”，在等待与徘徊中蹉跎一生。

在唐初一百多年间，魏阙是被文人提及最多的字眼。这一时期的文人，个个激情饱满，斗志高昂，他们年轻，健康，充满活力与朝气，时常眺望帝都做着建功立业的美梦。“宁为百夫长，不做一书生”“黄沙百战穿金甲，不破楼兰终不还”“仰天大笑出门去，我辈岂是蓬蒿人”，也正是因为这样一种意气风发的气势，使得这一时期的文学整体呈现出一种蓬勃的少年之气。只是这种气势并非一直唱彻整个时代，越近时代尾声，气势也就越低回，孱弱。于是，到后期，吟咏魏阙的诗少了，投身“江湖”的诗却多了。

在诸多歌咏江湖的人中，许浑大概是较为特殊的一个。在几度出仕致仕的生涯中，他好像极度厌倦这个庙堂，可同时又有着极高的政治热忱。他真热爱林泉，亦真心系魏阙，他有隐逸的轻松，亦有隐逸的落寞，这样一种矛盾的心理贯穿许浑的一生，成为许浑诗“神清骨秀（《书许丁卯诗后》）”又“慷慨悲歌（《唐才子传·许浑》）”的源头。

晚唐诗人群像

譬如四季的更替轮回，每一个时代，文学的气运总随其季节的更替消长沉浮。当一种文学经历了它的发芽，开花，结果之后，必然要经过一个季节的凋零，而后才会重新焕发生机，开始新一轮的更迭，这是文学的命数。

有唐以来，或许晚唐是被称为最为堕落的一代。这一时期的诗歌连同他们的政治一起，常被后人钉上十字架送往刑场，接受审判与责问。黄叔粲责其曰：“唐诗至中晚之世语愈工则意愈薄，而格亦渐卑。”（《唐诗笺注凡例》）蔡居厚言其：“气韵甚卑。”（《诗史》）罗大经指其：“绮靡乏风骨。”（《鹤林玉露》）王世懋斥其：“萎靡无足言。”（《艺圃撷余》）清人贺贻孙称其：“诗至中晚，递变递衰。”（《诗筏》）统观来看，这些评论多集中于“风骨”的讨论，这是晚唐诗歌的硬伤。与初盛唐相比，晚唐既非有“念天地之悠悠，独怆然而涕下”的健朗，也无“海日生残夜，江春入旧年”的阔大，甚至连中唐时期的“莫道桑榆晚，为霞尚满天”的肃然一振也无。到了晚唐，诗似乎已经步入了它的暮年，这一个个感时伤事的诗人们，正如一个个风烛残年的孤寡老人，不是抚古伤今，就是各自画地为牢，纵情享乐。于是，颓废，低迷，哀婉，感伤，成了这一时代的主旋律。

然而我们不该如此苛责这一代诗人。他们成长于晚唐抑郁苦闷的风云之中，虽也抱“致君尧舜上，再使风俗淳”的志向，但现实留给他们的只有一地破碎的影子。“晚唐诗人用一切皆无法长驻的眼光，看待世事的盛衰推移，普遍表现出伤悼的情调。”（袁行霈《中国文学史》）这种伤悼源自那个时代的衰朽。“安史之乱”几乎耗尽唐王朝所有的气力，虽宪宗时期一度出现中兴气象，可随着这位帝王的凄然离世，留给后代的仅仅只是一件剩有华丽外观的躯壳。大唐的气数将尽，藩镇崛起，甘露之变，牛李党争，外部时局的动荡，内部政治的耗斗，这仅存的庞大的躯壳正在一点点被侵蚀。昔日的繁华已不再，希望的曙光也一次次被掐灭，处在这样一个抑郁低沉的时代中，每个人都累了，倦了，故而“时代精神已不在马上，而在闺房，不在世间，而在心境”（李泽厚《美的历程》），他们只能从内心世界探索出路，找寻抚慰时代创伤的解药。于是，我们看到，晚唐诗人群像大抵是这样：“独行潭底影，数息树边身”，幽冷孤僻者，是贾岛；“红丝穿露珠帘冷，百尺哑哑下纤绠”，纤秾绮丽者，是温庭筠；“石脉水流泉滴沙，鬼灯如漆点松花”，奇崛瑰丽者，是李贺；“深秋帘幕千家雨，落日楼台一笛风”，浑厚苍凉者，是杜牧；“觉后不知明月上，满身花影倩人扶”，闲散自持者，是陆龟蒙……这一群诗人是将一个时代的伤痕转为自身官能的无限扩大，是从无限琐碎的世俗生活里流露出他们的漠漠轻愁，“内抑郁则外扬为声音。”（陆龟蒙《笠泽丛书序》）这非是诗人的选择，而是时代的选择。

处在这样一种时代风云之下，许浑亦无从选择。他亦成了晚唐诗人群像中的一员，面对着滔滔江水，只得哀叹“聚散有期云北去，浮沉无计水东流”。

清幽哀婉者，是许浑。

许浑的色彩

在中国诗歌史上，李杜并为两座不可逾越的高峰，李白是迎日而开的牡丹，神丰姿妍，杜甫是凌寒而放的老梅，骨劲肌健，若以这二者来观许浑，许浑或该受神未丰，姿未妍，骨未劲，肌未健的鞭笞，然其清新秀气动人之处，恰若沾水初绽的栀子，有着掸都掸不开的馥郁芬芳。“南北断蓬飞，别多相见稀。更伤今日酒，未换昔年衣。旧友几人在，故乡何处归。秦原向西路，云晚雪霏霏。”（《别韦处士》）“劳歌一曲解行舟，红叶青山水急流。日暮酒醒人已远，满天风雨下西楼。”（《谢亭送别》）他的诗，常是被水浸润着，包裹着，默默地流淌成歌，余韵悠长。

许浑留给后人的色彩是清新秀俊，韦庄《题许浑诗卷》云：“江南才子许浑诗，字字清新句句奇。十斛明珠量不尽，惠休虚作碧云词。”“清新”，是许浑诗风最为突出的特点。蔡居厚言其“诗格清丽”（《诗史》），薛雪赞其“思正气清，诗中君子”（《一瓢诗话》），翁方纲称其“清迴”（《石洲诗话》）……然清新天然的赞誉之下，他自然也要接受后人的审判：“许赵诸人，专以字句取媚，而气体日趋卑弱，且少完作。”（《野洪诗的》）“晚唐许浑诸子，偶对工巧，而意多牵合，声韵急促，而调反卑下矣。”（《诗源辨体》卷十七）。许浑的诗，常是水汽氤氲，有水的柔密清丽，亦有水的绵软无骨，故而毁誉参半，多由此出。

许浑是一朵浴水的栀子，通体素洁淡雅，水汽淋漓，这即便是他慨古述今，也是荡淋着一身水汽，柔婉曲折，然那余味正如栀子的芬芳，浓厚绵长，掸得掸不开。“一上高城万里愁，蒹葭杨柳似汀洲。溪云初起日沉阁，山雨欲来风满楼。鸟下绿芜秦苑夕，蝉鸣黄叶汉宫秋。行人莫问当年事，故国东来渭水流（《咸阳城东楼》）”。许浑的愁，是融进江水之中的，随夕阳在无限的时间与空间中徘徊不定。也正由于此，他没有过于激烈的情绪波动，也没有强烈的情感撞击，一切都是淡漠的，一切都是自然的，一切又都是哀愁的。他的咏怀诗：“兴亡不可问，自古水东流”（《洛阳道中》），“可怜国破忠臣死，日日东流生白波”（《姑苏怀古》），“城势已坡陀，城边东逝波”（《广陵道中》）浸透着其对于时空的历史观照与人生哲理的感悟抽绎，这是立于莽莽苍苍的穹庐下，浩浩汤汤的渌水前的独自哀叹；他的送别诗“怜君别路随秋雁，尽我离觞任晚潮”（《送薛秀才南游》），“江风扬帆急，山月下楼迟”（《送客归峡中》）亦是行于水岸的默默叹息，缠绵不尽，感动激发人意。他不似温飞卿那般绮靡，也非李义山那样的隐僻，他与杜牧交结最深，诗风最为相近，却也不如他那般豪纵。在晚唐铮铮四者中，许浑是属“清嘉婉媚”的一类。

许浑的骨子里是软的，里面灌注的是江南之水，充盈的是泽国情调。于是，我们看到，许浑在仕隐之中的徘徊与犹疑，落寞与自得。在江湖与魏阙之中，他流连，亦迷茫。

进退之间

在后世人心中，许浑心乐林泉，高蹈遁世。陆游在其《读许浑诗》中如此刻画：“裴相功名冠四朝，许浑身世落渔樵。若论江山风月主，丁卯桥应盛午桥。”然真正了解许浑的，或许还是他一生的挚友杜牧：“天子绣衣吏，东吴美退居。有园同庾信，避事学相如。”（《许七侍御弃官东归潇洒江南颇闻自适高秋企望》）他既是出世的隐士，同时亦是入世的绣衣吏，辛文房《唐才子传·许浑》亦指：“浑乐林泉，亦慷慨悲歌之士”。虽然他的诗中多有田园之乐，归隐之叹，但观其一生，他大半生都在仕途宦海中漂泊游荡。

他一生经历了唐朝八位帝王的政治统治，不断干谒，不断避世。他有经世之志、救世之心，“莫言三尺长无用，百万军中要指挥”（《谢人赠鞭》），但他亦厌恶官场的晦暗污浊，希逢一个清明的时局以了其“会待功名就，扁舟寄此身”（《早发寿安次永寿渡》）的夙愿，但正如罗时进所说：“他所置身的晚唐是一个使人虚负凌云之才，一生襟抱难开的时代。经济的崩溃，皇权的消解，科举的糜烂，吏治的腐败，使人们被现实的黑暗围绕着，压抑着。他们不但不可能像盛唐士子那样充满自信，狂放淋漓，也不能像中唐士子那样投入统治集团的自救，期望中兴。报国无门，万念俱灰，使晚唐士子有着加倍的抑郁和苦闷。”

许浑身在其中，无法挣脱这时代的桎梏。大厦将倾，安得以一己之力力挽狂澜耶？邦有道则仕，邦无道则卷而怀之，许浑是清醒的，他的诗中无不渗透着他对于历史的沉思，对于世事的彻悟，对于时局的敏锐洞察。“玉树歌残王气终，景阳兵合戍楼空。松楸远近千官冢，禾黍高低六代宫。”（《金陵怀古》）“凄凉遗迹洛川东，浮世荣枯万古同。”（《金谷怀古》）“是非境里有闲日，荣辱尘中无了年。”（《将赴京题陵阳王氏水居》）“到晓不成梦，思量堪白头。多无百年命，常有万般愁。世事应难尽，营生卒未休。莫言名与利，名利是身仇”（《不寝》）。他如此清晰历史的兴亡沉浮，也如此清晰名利的牵累羁绊，但他与生俱来的士大夫气质又使得他无法完全置身事外，冷眼看着王朝走向深渊。于是，每一次时局动荡，许浑都积极投身庙堂，至每一次政治无望，又退步抽离，挂冠而去，在田园山水之中继续等待。

但他的林泉之乐是真乐，因他也疲于应对这晦暗污浊的政治。他饱尝了政治中的艰辛，失意，他美好的愿景被残酷的现实一次次揉碎，碾压，山水林泉是他最后的慰藉。“虚戴铁冠无一事，沧江归去老渔舟”（《秋日早朝》），“借问绣衣车马客，几时林下脱儒冠”（《题惠山寺》），“故山归未得，徒咏采芝歌”（《潼关兰若》），“关西亲友如相问，已许沧浪伴钓翁”（《送岭南卢判官罢职归华阴别墅》）帝国的衰败，政治的诗意，病痛的折磨，这一切坎坷曲折不得不令他怀念起故乡秀丽的山水与淡泊宁静的田园时光，在两相对比下，仕隐矛盾愈发清晰。许浑的隐是时局的无奈，亦是心的疲倦，因而当他重回林泉时，他的宁静轻松跃然纸上：“自翦青莎织雨衣，南峰烟火是柴扉。莱妻早报蒸藜熟，童子遥迎种豆归。鱼下碧潭当镜跃，鸟还青嶂拂屏飞。花时未免人来往，欲买严光旧钓矶。”（《村舍二首》其一）“尚平多累自归难，一日身闲一日安。山径晓云收猎网，水门凉月挂鱼竿。花间酒气春风暖，竹里棋声暮雨寒。三顷水田秋更熟，北窗谁拂旧尘冠。”（《村舍二首》其二)，“劚药去还归，家人半掩扉。山风藤子落，溪雨豆花肥。寺远僧来少，桥危客到稀。不闻砧杵动，应解制荷衣。”(《题韦处士山居》)许浑笔下的林泉是安逸的，亦是轻松的。

虽则如此，然而林泉于他，到底也只是一个忧患与苦痛中的精神乐园。处在这样一个风雨飘摇的时代中，许浑不可能完全醉心江湖，他歌咏淡泊宁静的境界，却始终无法忘怀岌岌可危的朝堂。

这是许浑，亦是晚唐诸多诗人。他们醉心江湖，醉心歌楼，醉心绮丽香艳的风景，但他们是清醒的，他们看到一个王朝在急速衰朽，然而连他们的帝王都如此低沉，绝望，他们无法从一盘死局中杀出一条生路。于是，他们选择了江湖买醉，企图以林泉之乐麻痹己身。只是酒醒之后，当他们登上层楼，面对着京都远眺，他们看到的是西沉的夕阳，是浩渺的江水，是满天的风雨纷纷扰扰下西楼。遥想起昔时士人歌咏黄昏之作：“大漠孤烟直，长河落日圆”“白日依山尽，黄河入海流”，一个时代，驮着一腔暮色，无声痛哭。

2020 年 5 月 23 日于湘潭

陈子昂在幽州台

“木秀于林，风必摧之。”中国的许多历史事实告诉我们：人不能太出众，卓尔不群的人，其最终结果往往是被踢出这个群，发配他乡，或是以退为进，自择一城以终老。这大概就是中国的哲学，讲中庸，讲通达。故而当屈大夫行吟泽畔，说出他那句“举世皆浊我独清，众人皆醉我独醒”时，渔父曰：“圣人不凝滞于物，而能与世推移。世人皆浊，何不淈其泥而扬其波？众人皆醉，何不哺其糟而歠其醨？”但屈大夫不受，最终怀石沉于汨罗。

世界上最伟大的悲剧不在于事不可为，而是明知不可为而为之，希腊神话里西西弗斯的崇高就在于，巨石永远无法到达山顶，而他却永无止境地重复着这无结果的举动。

从某种程度上来说，陈子昂是另一个推着巨石的西西弗斯。

陈子昂的一生似乎都在不断诤谏，他的为官之路从劝诫开始。公元684年，唐高宗于洛阳驾崩，死前留下遗言：“苍生虽喜，我命危笃。天地神祇若延吾一两月之命，得还长安，死亦无恨。”于是，针对高宗灵柩是否送返长安，朝廷出现了两派意见。一派力主送回长安，一派坚持留在洛阳。虽则只是灵柩送归问题，但其中牵扯众大政治隐喻。长安是李唐的根基，旧臣贵族集中于此，对今后的李唐天下有莫大意义，而武后的势力主要集中在东部洛阳，对于想称帝的武后来说，削弱贵族势力，扶植自己羽翼，洛阳是更好的选择。如此，武后不愿回长安，而旧臣不愿留在洛阳，双方争执不下。而当时，作为还未授衔的进士，陈子昂以一介布衣的身份洋洋洒洒写成《谏灵驾入京书》，言其兴师动众之疲敝，百姓供给之艰难，生计流离之劳苦，力谏灵驾入京。武后观阅，“览其书而壮之”，亲自召见了这位奇才之士，并授其麟台正字的官职。但建议终究未采纳。

陈子昂以一封谏书成功叩开仕途的大门，而他也自此视天后为自己的伯乐，以为自己的“感时思报国，拔剑起蒿莱”之心终有可用之地，不断上书诤谏，不断言析时弊。但这仿佛是打开了潘多拉魔盒一般，虽则文辞多为武后激赏，但进言几乎无一采纳。针对武后任用酷吏，陈子昂先后上书《谏用刑书》《谏刑书》，指其：“遂使奸恶之党，决意相雠，睚眦之嫌，即称有密，一人被讼，百人满狱，使者推捕，冠盖如云。”“今者系狱囚徒，多极法者，道路之议，或是或非，陛下何不悉召见之，自诘其罪？罪真实者，显示明刑；罪有滥者，严诛狱吏”，洞达人情，切中时弊，而其结果是得到“词婉意切，其论甚美”的称赞，酷吏照旧，酷刑照旧。天后爱才，“虽数召见问政事，论亦详切，顾奏闻辄罢”，仅仅是爱才而已。之后陈子昂还有诸多谏言呈上，从政治到民事，到军事，但逐渐石沉大海，无有回音。

陈子昂是不大合群的人。在李唐与大周这两股势力初始的缠斗中，他选择了大周，因此留下了逢迎武后亲附大周的骂名。而在武后当权的那段时间里，他又直切时弊，与逢迎圣意，歌颂圣德的宋之问、武三思一干人等划清界限。他言：“圣人不利己，忧济在元元”，但得来的只有武后言辞甚美，情意恳切的赞美，实际效用几乎为零。陈子昂对酷吏与佞臣进行痛批，因此触犯一干人的利益，他所表现出来的为国不为君也引来一干人的侧目。他不知道，当举国的人都饮了狂泉的水发了狂，那么这不发狂的人反倒成了狂人。于是不久，陈子昂即被诬谋反，在狱中蹲了1年。

出狱后，陈子昂继续践行着他的“忧济在元元”的理想，一意寻求报国之路。其时恰逢契丹部落叛乱，陈子昂自请出征契丹，平定叛乱。大约武后也是听了陈子昂的进谏太多，烦了，也倦了，于是任命他为随军参谋，打发其离京。

作为怀着满腔热血一意感念报国的人，陈子昂此时一定豪情满怀，壮志满怀，这是他证明自己真正实力的一次机会，也是真正将那些被帝王视为花拳绣腿的招数用到实际地方的开始。然而，他遇到了武攸宜——一个借着裙带关系上位的关系户，既无军事谋略，又刚愎自用。征战之初，王孝杰独自前往前线，武攸宜驻守渔阳，打算坐享其成。陈子昂进谏，被降为军曹。最后结果是，前线全军覆没，敌人夺取幽州，武死守渔阳。陈子昂按捺不住，又站出来进言：“分麾下万人为前驱，契丹小丑，指日可擒。”而武视其为书生之言，拒而不纳。这大概是陈子昂有官职以来的最后一次进言。征战归来后不久，陈子昂便以父亲年高为由，请求辞官归里。之后，二度下狱，忧愤死于狱中，死亡的真正原因成谜。

戍守渔阳的那段日子，陈子昂的孤独与迷茫是巨大且深刻的。他“少好三皇五帝王霸之经，历观《丘》《愤》，旁览代史，原其政理，察其兴亡。”其立言措意，在王霸大略，但这一身文武之艺却往往被视为花拳绣腿，帝王所称赞的只是招式好看——“地籍英灵，文称伟曜”，而从未得真正的用武之地。帝王爱才，仅仅只是锦绣文章之才而已。每一次当他蓄势进言陈词，总如一拳打在了棉花之上，全无半点效用。

公元696年，当陈子昂登上幽州台，那种无人可诉的悲怆与孤独，使其“泫然流涕而歌”，促成了那篇千古绝响：“前不见古人，后不见来者。念天地之悠悠，独怆然而涕下”，短短二十二个字，言尽古今怀才不遇者的怆然与孤独，深入极致，撼动天地。黄周星言其“胸中自有万古，眼底更无一人。古今诗人多矣，从未有道及此者。此二十二字，真可以泣鬼。”陈子昂此时的状态，像极一个渴极的人在荒漠中呼号，然而跋涉于茫茫的天地宇宙中，不见一人，不闻一声。遗世独立，如斯而已。

登上幽州台，追述燕昭王累黄金而求贤士，乐毅、田光等名士功成业就的往事，陈子昂神接千载，视通万里，这也使他开始了与己身的对照。然而他注定了是“霸图今已矣，驱马复归来”的宿命，不知此身何寄，只能回来，感怀宇宙苍茫，无处可归。古之诗人言怀才不遇者多，而像陈伯玉这样雄浑苍健，撼动宇宙天地者少。

应当说，陈子昂所处的时代不算污浊晦暗，女帝也并非昏聩无能，但政治集团的排挤、政治才干的忽视仍不可避免地发生在陈子昂身上，究其原因，大概还是其初期文名太盛，而自己又太过耿介。太过出色的人往往成为一个时代的异类，后来者慕其才华，高山仰止，当事人于其时却大多苦不堪言。当人们说起初唐，绕不开的一个便是“国朝盛文章，子昂始高蹈”。作为一个时代诗文风骨崛起的丰碑，子昂在文学史上拥有者无可替代的地位。可是，究竟文名成就了陈子昂，还是束缚了陈子昂，实在不得而知。“念天地之悠悠，独怆然而涕下”，对比其初次由蜀入京的豪言：“今日狂歌客，谁知入楚来”，或许他的怆然，只有他自知。

2020 年 10 月 19 日于湘潭大学

苦心经营的随便

这是从汪老与林斤澜的一次讨论中得来的题目，用以形容小说的结构，这里却想将其延展开去，至文学，至生活。不过在那之前，须对这七字做一个解释。

苦心经营的随便，这话初看自相矛盾，既是苦心经营，如何随便？既要随便，又何必苦心经营？因此，我们常常是取其前四字或后两字，或者苦心经营，或者随便，自以为得其真味。但这非是维纳斯，断臂之后更含美的享受，这里一旦被断章而取，无异于截肢。

如同在我们生活中，有人随便，有人苦心经营。随便的人无论对何人何事都漫不经心，这即便是你和他说明日世界末日，他大抵也只是回应一句“哦，知道了”，再无过多表述。这些人大抵要归属于宿命论者，生死且由命，富贵多在天，至于何境便是何境，不做挣扎。而苦心经营的人对任何人事都须锱铢必较，若他习惯于在饭桌上插一枝玫瑰，你换成水仙，那势必会引来他的不满，因为他所经营的是玫瑰相伴的生活，而非水仙。如此，你可见，随便者难以抵御现实的磨难，而苦心经营者则常生不如意，并且，我私以为，至于苦心经营的极端常难逃造作之嫌，最终成为表演。这是从生活来讲。

至如文学呢？何为“苦心经营的随便”？佛教中常讲一句：“参禅之初，看山是山，看水是水。禅有悟时，看山不是山，看水不是水。禅中彻悟，看山仍然山，看水仍然是水。”作文学亦如参禅。于此门道初窥门径时，我们看山水是山水，是其原貌，而不是其肌骨神情，因此我们的观是随便，是如蜻蜓点水般一触而止。至再上一层楼时，渐知其风度情态何在，神韵肌骨如何表述，于是便竭力以赴，不吝浓墨重彩地涂抹其肌骨神情。我们会习得这涂抹的技艺，我们自以为是觑见天机，每一次落笔都有法可依，可如此这般，便落入“苦心经营”的泥淖之中。有时我们就此止步，因为我们尚且不知这山已不是那山，这水也非是那水，而是我们卖弄涂抹技艺的工具。而当我们终于厌烦这一套游戏规则，从中解脱，便成了看山仍是山，看水仍是水——醒悟到山水本原更为重要，这才有了“苦心经营的随便”，而这时的山水非是脱离肌骨神情的山水，而是灌注风度情态的质与貌的结合。也唯有这时，我们才意识到这句话，是苦心经营的随便，不是苦心经营，也非随便。

关于文章，苏轼有一句话我们更为熟悉：“大略如行云流水，初无定质，但常行于所当行，常止于不可不止，文理自然，姿态横生。”行云流水自是不能一开始就如此，自然是先随便，再苦心经营，最终至苦心经营的随便境地。谁能一开始就度见文章的肌骨神情呢？谁又能从随便突然跃至苦心经营的随便呢？这期间需要时间的淬炼。一开始的文章，或许以散漫无端的风来称更为合适，而从散漫无端转为有的放矢，最终成为流风回雪，这也即苦心经营的随便过程。王维诗之质朴自然非是一开始就质朴自然，而是经过雕镂后的自然重返。故而曹公评点“大漠孤烟直，长河落日圆”时这样称：“想来烟如何直？日自然是圆的：这‘直’字似无理，‘圆’字似太俗。合上书一想，倒像是见了这景的。若说再找两个字换这两个，竟再找不出两个字来。”这也是经由苦心经营后的随便。

雕镂在文章中常见，其最引人不适的是小说。小说是呈现，呈现生活事实。小说最忌卖弄雕镂，这不是玩文字技巧，“两个聪明的脑壳在打架”并非小说，那是哲学。小说呈现哲学，却并非陈述哲学，除非那设定了哲学家这一人物。小说里卖弄哲学最可厌，其自以为掏心挖肺将一切难解的主旨展露无遗，而事实上，正是这种展露无遗将小说的韵味彻底隔绝。小说的韵味在含而不露，如隔雾观花，可以有种种遐想。而这遐想假借的仅仅只是基于现实的描画，一切过多的描述都是画蛇添足。一本红楼，可以叫人生发多种联想，而事实上，他只是在描画生活，哲学与联想是读者从生活延展开去的。故而一本红楼，叫中国大半饱学之士为之倾倒。

大道至简，处于苦心经营中的人大概不会明白，因为肌骨神情这片叶遮住了他的视野，卖弄是唯一的出路。一切都在被苦心经营着，他们最终要走向的是纷繁复杂与高深莫测。

2020 年 4 月 29 日于家中

闲言碎笔

杂论

夜半，闻雨声，清然可喜。

人不免俗。吃饭和穿衣同样重要，人总不会只顾穿衣而不吃饭。既然都要吃饭，又何必遮遮掩掩只字莫提？惟自诩高雅之人才避谈俗，而真深味高雅之人是融俗于雅的。

私以为好诗分两种，一种情韵胜，一种气韵胜。情韵胜者，盖以情为文，情感充沛其间，摇曳多姿，浑然一体。而气韵胜者，盖以词为文，文气充沛，骨劲肌健，气势迫人。唐诗多是情韵者，宋诗多是气韵者。相较而言，我偏喜自然浑朴一些。

杜甫的诙谐惹人惊讶并不奇怪。世人对杜甫沉郁顿挫的印象太深，总以为杜甫是个正襟危坐，哀悼民生疾苦的老者，哪里诙谐得起呢。就像鲁迅，写了那样多针砭时弊的文章，常常含沙射影，突然有一天他说了个笑话，虽然他可能仅仅只是想说个笑话，但也会让人联想种种。但偶尔真的诙谐一下，是增其可爱的。

“盖可信者不可爱，而可爱者不可信。”李白潇洒飘逸，诗风俊逸出尘，读来是使人觉得可爱的，但李白太爱显山露水，夸大其词，有时又使人觉得不可信。而杜甫，一生沉沦下僚，写民生疾苦，读来是使人可信可敬的，但其诗沉郁顿挫，多是伤时感怀，读来总觉得苦，不甚可爱。

河的那边，偌大的广播里正发着吊丧的哀歌。而河的这边，因新生命到来的鞭炮声串连不息。人世的悲喜呵，总是这般热热闹闹，来时惊天动地，去时动地惊天，而中间这一程，大抵也都如横亘在其中的河了——平静蜿蜒，绝少波澜。

虫子一开始啮人的时候，常会有轻微的痛感，但随其岁月的流逝，也就渐觉麻木了。

草木

人道莲叶如伞，但未展的莲叶亦有“绿蜡春犹卷”的风致。想起古人说“莲叶何田田”，这讲的仍是如伞的莲叶，其实并无多少兴味，有兴味的是田田中的经行人。而未展的莲叶虽少了经行人的光顾，却也令人生出几番端庄如斯，静默如斯的好感来。

深秋的桂花教人牵念。那样细碎的，如小米粒般的，明黄黄地缀着，使人一眼望去心便柔软起来。桂花的香叫人想起四月的风，拂不去，掸不开，温温润润的，只如蜜一样甜甜地搅和在心底。可教人牵念的只是深秋的桂花吗？汪老说，“浊酒一杯天过午，木香花湿雨沉沉”，花与景倒在其次，看花人的心境才最为可观。

茉莉花香味清浓清浓的，易使人联想起秋日里下过雨后的晴空，清高邈远，疏旷宜人。卖茉莉的人说：“茉莉花好，一年开七八次花”，然而实际上除刚买来时开着七八朵，落了后可没再见一朵，叶子虽是大片大片地长，花苞儿却总不结一个。呵，它倒是迎风沐日，恣意生长了，想看花的人却耐不得烦，终日里只想骂骂，“这么多日的阳光雨露，难道都叫你开枝散叶去了吗？”

芭蕉叶子又厚又大，容易使人觉其粗笨，故而不大受待见。古人常说，“芭蕉夜雨使人愁”，这实则是雨声迟缓冗长所致。但也有例外，比如夏日落雨之时，有二三女子举蕉叶避雨，那情状活画出一幅人世静好之图。女子的笑一如春日里烂漫的桃花，灼灼明艳，而其悄言细语，又如莲花照水的贞静。这当然是蕉叶之功的，因之除去她们头顶的青翠，那明艳贞静却是再找不到一个承装的器皿。

看了那么多回花，现在方知，姹紫嫣红实在是算不得什么。花要淡一点才好，像杏花，望去会使人的心柔软起来。花色愈淡，其味愈浓，一如看花人的心情。

一教旁有一棵松树，我是在这个冬天才开始注意到它。天气晴好时它爱静默，有风了它就抖动松针，等到雨落下来它就结清亮的水珠子。这水珠子也可爱，一颗颗，圆滚滚，亮晶晶，清清白白的。我见过那么多颜色，红的黄的绿的蓝的紫的，唯独这种清亮透明的却少。

槭树叶子又红了。想起去年的时候，我们一群人拿着相机去采风，没有雨，没有阴云。我把照片拿给朋友瞧，说，“今年的枫叶红得可真早”，朋友却说，“这不是枫叶，是槭树叶。”是的，是槭树叶，我记得很认真。

都说银杏树的叶子长得像扇子，扇子得小一点才好看，大了风力固然足，却总少了些风流韵致。不过，远望你是望不出大小来的，只有等风来了，你听它那么沙沙一阵，这是小叶子。呼啦一片，这就是大叶子了。

四时

楼下荷塘已是青青一片。想起去年初来时，正是菡萏初发的季节，离愁别绪被新鲜的阳光填满，一路行来，眼见的唯红绿交织的明丽清新。而今被岁月连累的心境，便是葱茏一片，也只令人生起“过春风十里，尽荠麦青青”的怅惘来。

愿一清如水，永照童心。

吃惯了家中的山竹笋，对于别处的竹笋实在生不出多少好感。但有时常因莼鲈之思，一到春天就念起它，处处寻它。待入了口，又往往不是嫌它太老，就是嫌它太麻。愈思人，就愈要物来观，愈睹物，也就愈思人，这实际上是一个死结。

去年毕业时，满心里记得的只有三田的小雏菊。今年你来时，雏菊没有，但南国的色彩想来你是不会厌倦的。花开好了，一直没去看，可能就是在等你回来吧。

人不总是热爱清净的。到了一个地方，看了一处风景，吃了一次美食，闲起来了，总想找个人说说。从出门时的好天气开始，到路上那些随风摇摆的草叶，再到眼前这一碗不咸不淡的粉和汤。其实说什么都好，只要有人在听。或者我也不说，只管等对方把一筐子琐碎事儿倒腾出来，只要有人在说，这就是热闹的。

冬日宴饮，宜在夜间。杜耒有诗云，“寒夜客来茶当酒，竹炉汤沸火初红”，这算是得了冬日宴饮的真趣。寒夜岑寂，炉火摇红，几人围坐一起，已具一番情味。这若是再下点雪，踏雪而来，载雪而归，恐怕这一冬的意趣都要被他窥尽。

察言可观人乎

在人的世界中，除衣食住行外，最紧要的一事便是言语。若许我大胆地作一比喻，我倒是想这样说，言语之于人正如叶之于树。树的葳蕤、凋敝，你从其叶的颜色数量大可推测。同样，人的风度情态如何，你从其谈吐也可窥知一二。

乍一看，这比喻似有漏洞，因为这世上有那样多不能开口说话的人，他们似乎不在我所类比的人中。可是诸君，谁规定了言语便一定是话语？

我们观察过蜜蜂，他们通过舞蹈交流，我们也留意过蚂蚁，他们以气味进行沟通。这些小精灵们，可以以各种各样的方式进行言语的创作。同样，在人类世界，我们的言语可以有多种方式表达，话语和文字只是最为流行的方式。到这里，你或许就可明白，这里所谓的言语，只是作为人进行自我表达的工具，而非仅是说出的话，写出的字。这里的漏洞并不成立，因为人都是需要表达的。

但其中也确实有不大确切的地方，因为从言语中察见人的风度情态并不总是成立，甚至，有时它还背道而驰。这也即是说，语言，总有失真的时候。经营政治的人或许更清楚“察言观色”

这四个字。在政治中，人若要明哲保身，那么察言观色便是不得不掌握的一门技艺，而且往往这察言观色都是双向进行。你在察言观色中，同时也在被察言观色中。于是在这有趣的双向往来中，言也便不是那个言，色也便不是那个色了。

另有一种情况。人总是崇尚美德而贬斥恶行，因为世界的价值取向大致就是这样，若背离了去，大概会受千夫所指。于是，在这一价值观的支配下，人便有了羞耻之心，这即便是他存了些龌龊思想，大抵也是不敢公之于众了。甚至，粉饰、表演成了某些人生命的常态。在这里，他所通过言语而展露的风度情态自然也做不得数。文学上常论辩的文如其人否，其追根究底，也就是言语的失真与否。

人这一生自然不可能令其言语永远保持在真实的一面。真实与谎言同坐天平两端，指针永远是摇摆倾斜着的，不可能总是永远直指中心。人可能为各种原因放弃真实，比如，有时，一句善意的谎言代替了残酷的现实安抚人心，这大概是情非得已，不得已而为之。

但善意的谎言终究也只是谎言，最终不能取代现实。谎言的世界固然美好，因为在那里我们所听的便是我们所想听的，所见的便是我们所想见的，一切随心而动，随性而发。可一旦这世界被现实戳破了窟窿，现实中的飞矢流弹便从中倾泻而下，这一威力自然就能将其击个粉碎。这也是为什么我们小时候看童话津津有味，大了却感伤不已。

从这里看，人大概还是需要面对些现实的。

但面对现实大概是人这辈子碰到的最难的问题。一把纸折的鲜花和一把山中采来的荆棘同时放在你面前，谁愿意舍弃芳菲而选择让自己的双手被扎个血流不止呢？除非，他感知不到痛苦。我们常耽于美好的梦境不愿醒来，而一旦这梦境变为噩梦，我们便会立时醒转并且不愿再入梦。虚幻的美好毕竟美好，即便没有，人还是愿意欺骗自己制造美好，而对噩梦则唯恐避之不及。人如此，社会也是如此。

为避免引起社会的恐慌，人们可以制造各种歌舞升平海晏河清的假象以闭目塞听。当世界上只余下一种声音，这声音往往如黄钟大吕抑或九天韶乐，让你闻之则喜。那便是世界愿意让你听到的声音，而这声音，也同纸折的花一样，大多是由着人制造出来的，做不得真。

故而在为政时，中国有一句至理名言：“防民之口，甚于防川，川壅而溃，伤人必多，民亦如之。是故为川者，决之使导，为民者，宣之使言。”唯有每个人都有了言语的表达，每个人神情风度都被真实展现，对于社会的那份快乐的陌生感才会逐渐被驱逐。

我这样说或许会引起误解，以为多数人说的就是假话，而少数人说的则是真话。其实不然。占多数的话语并非一定是假话，只要说这类话语的人都具有理性的逻辑思维能力。占少数的话语也并非一定就是真话。谣言的最初形态也不过就是一人自导自演的独角戏，只是在传播过程中，三人成虎，也就渐渐成了谣言。

故而真话假话其实难以区分。有时它也真假参半，它或许一开始为真，经被打碎、重新组合后，面目全非而成了假。我们也都知道挖井得人的故事，一开始原本只是省却一分劳动力的故事最终却演变成挖出一具死尸的故事，这过程，也就是真实逐步被改造成虚假的过程。

所以，在论话的真假问题上，其实难以下一个确切的结论。只能说，每一种言语占上风时，无须盲从，而是冷静地解剖，以趋近事实真相。

2020 年 3 月 3 日于家中

春日饮食闲谈

读古人饮食习俗类书，觉得颇有意思。古人写吃有讲究，不止写舌尖滋味，更写食中文化。食材、菜名、意蕴都须考量，甚至于前人中出现过的文章诗句都要一一揪来，倒像是一部饮食考古史。这对于我这种爱纸上谈吃的人来说是一件乐事，比布一桌菜要好得多。静观数日，手痒难耐，便也拟作几则饮食谈录，以解春倦。

——序

春卷

春卷大约是最能代表“春”的食物了。

以往翻看民俗类的书，看到凡讲春日饮食，必有“春卷”一说。“春卷”这名字实在好听，明明就只是薄薄一张饼，里面随便裹些时令菜炸一炸，怎么就成了“春卷”？但人若见过春卷的样子，便不会有这样的疑问。金黄条状，外裹薄皮，内卷白菜、萝卜丝、土豆丝等，“春”字言时，“卷”字摹形，是极其“名副其实”的。

但也有的地方也管这叫“春饼”。宋《岁时广记》里有记载，“立春日食罗菔、春饼、生菜，号春盘。”这里面的春饼即为春卷，和菜装成盘便是春盘。立春日食春盘是旧时风俗，别名更雅致，名曰“咬春”。苏东坡诗“雪沫乳花浮午盏，蓼茸蒿笋试春盘”，讲的就是此。

我的家乡不兴做薄饼，故而也就没有吃春卷这一说。我有幸在黔阳古城吃过一次，但不觉甚佳。因为那日天近黄昏，路上少行人，加之春寒未去，春卷晾在锅前太久，失了热度，吃起来总让人兴致寥寥。但如今想想，大约还是当时环境凄清心境凄幽的缘故。

春韭

读古人诗，看到许多写韭菜的诗句。诗句太多，只摘录“夜雨剪春韭，新炊间黄粱”“一畦春韭绿，十里稻花香”这两句。第一句是出自杜工部《赠卫八处士》，不看后文写人世离乱之句，单看这是很有田家闲乐之意的，颇有种山中岁月长的恬然味道。另一句是出自曹翁之笔，题为“杏帘在望”一诗。只这一句，田家风貌实已尽出。我尚且记得幼时放学，见过路边有一则标语，字书“十里稻花香”，其实那就是为一种名为“稻花香”的酒做的广告。真是聪明！

古人写韭菜诗句这么多，大约说明了一件事——古时田园是爱种韭菜的。韭菜味辛，在古时属春日必食之菜。周处《风土记》有云，“元日造五辛盘。”五辛盘中，韭菜便是一辛，这就说明了韭菜在春时的必要性。

家中春韭多用凉拌，用水一焯，拌上辣椒即可食用，但在别处有看到过更为高明的凉拌之法，先以油炸，再以水焯，继而以冷水泡，最后才和料调拌。据说这样的吃法会更脆嫩，但尚且未试过，便不做评。

有些人是吃不惯韭菜的，以为其味辛，恶其臭。但春韭也并非尽然，新出的嫩韭细细尝来，实则有清香甘甜之味。韭叶越肥，甘味越浓。有李渔《闲情偶寄》为证，“韭则禁其终而不禁其始，芽之初发，非特不臭，且具清香，是其孩提之心之未变也。”

韭菜的清香，大约还是有心人才能品尝得出。

花馔

以花入馔，这在云南见得多，因为云南的鲜花实在是多。昆明有“春城”之称，四季如春，花开不败，这在别的地方是比不上的。花饼、花糕、花茶、花酒，没有哪里不可入花，我实为羡慕。

记忆中幼时也吃过一些花，尚且记得的有槐花、荠菜花这些。

春来槐花开，树树夹清白。用槐花煮饭是很清香的，有淡淡的甜味。荠菜花也可用来煮，“农历三月三，荠菜花煮鸡蛋”，大人以为吃了荠菜花煮的鸡蛋能趋利辟凶，这是带有美好祝愿的。

油菜花可以炒。我们家乡年年种油菜，等开春了，家家户户都会炒油菜花吃。说是炒油菜花，其实真正炒的是油菜花苞。油菜花开了就老了，硬了，不入味，故而总要选含苞待放的才好。

我在一本书里还看到过有“炸玉兰”这一菜式。原文不记得了，但大意是说用面粉裹着玉兰花瓣入锅炸，炸至金黄。这实在是罕见。玉兰花的香味是很浓郁的，经此一炸，花香剩几许呢?我实不得知。

春酒

说到春酒，总让人想起冯延巳的那首《长命女》：春日宴，绿酒一杯歌一遍，再拜陈三愿。一愿郎君千岁，二愿妾身常健，三愿如同梁上燕，岁岁常相见。

因为这首词，我以前总认为春酒该是绿的，后来才知凡春日酿的酒或是冬酿春熟的酒都叫春酒，不以颜色分。北方有吃春酒的习俗，我听一位东北的朋友说起过，春宴期间，数日不撤席，家人围坐，但饮春酒。长辈敬晚辈，从最幼开始敬起，凡敬必须饮，直至酩酊。

这有点类似《荆楚岁时记》中依次拜贺饮椒柏酒的情景。“长幼悉正衣冠，以次拜贺，进椒柏酒，饮桃汤。进屠苏酒，胶牙饧，下五辛盘。进敷于散，脚却鬼丸。各进一鸡子。造桃板著户，谓之仙木。必饮酒次第，从小起。”

至于为何要从小起，也有解释，“正月饮酒先小者，以小者得岁，先酒贺之。老者失岁，故后与酒。”这种祝酒词是很难让人拒绝的。

我们家乡没有吃春酒的习俗，但每年春天会自酿米酒，我们叫醪糟。糯米蒸熟，加酒曲，在缸中压紧实，以白纱覆住，不过几天就有了酒香。醪糟可以和糍粑一起煮，每至春忙，农人从地中回来，煮一碗醪糟是很提精神的。

醪糟我幼时不爱喝，嫌它过甜，但是到了别处之后，竟也因思乡之故对它产生了好感。有次在学校看到一种叫农家米露的饮品，买来一尝，竟和家中醪糟味道有些相近，实为欣喜。但喝完回味起来，觉得酒味终究薄了些，还是抵不上家中的醪糟。

2019 年 3 月 10 日于湘潭大学

忌口

人一旦进了医院，身子便由不得自己做主。医生一纸判决下来，各种检查不做也得做，各种药物不吃也得吃，临走之时，还不忘告诫你忌口之事，简直让人难过。

然而医生的话你又不得不遵，因为话虽然属他，身子却属自己。回来之后，思忖良久，终于决定要列一个清单，把那些所忌之物统统揪来，扔出视野之外。于是，酒不能喝了，海鲜不能要了，鱼虾不能留了，还有其他许多有关辛辣刺激的东西统统都不能吃了。一切碍眼之物剔除干净后，就终不免瘫坐凳中长叹一声："时不利我，为之奈何？为之奈何？"

忌口之事古已有之，东汉时期张仲景有言，"所食之味，有与病相宜，有与身为害，若得宜则宜体，害则成疾，以此致危。"中医上讲究饮食宜忌，以五味调养五脏，以此达到饱和适中的状态。而今在西医中，忌口之说也已普遍接受。药物与饮食间相生相克，若是稍不留神冲撞了药性，那吃药再多也是枉然。然而忌口既是一件大事，就须得起草一份宣言签字画押以示决心不可。既是告诫自己，也是告诫身边诸亲朋好友——近日忌口，忌口之物如下，以后凡出门吃饭不谈此物，也不点此物，免使心中不快。人的自我克制能力有限，此时身边人若再不知轻重煽风点火引诱你一番，那意志再坚也不免心神摇荡，将那医生之话丢去万千里，忌口最终沦为空谈。

话是这样说，但是忌口谈何容易？我有一位朋友，嗜好饮酒，每次出门吃饭必有酒做伴。有一段时间肠胃不适，医生开了药，点明忌酒之事，并直言最好彻底戒掉。他回来之后当真高调宣布戒酒，并与我们大肆控诉酒的种种罪过，条分缕析，有理有据，然而三日不到，酒又照常成了他的座上宾。我不爱酒，自然不懂戒酒之苦，但是约略一想，应该也是悲痛非常。稼轩有一首词可以为证："杯汝来前！老子今朝，点检形骸。甚长年抱渴，咽如焦釜；于今喜睡，气似奔雷。汝说'刘伶，古今达者，醉后何妨死便埋'。浑如此，叹汝于知己，真少恩哉！更凭歌舞为媒，算合作人间鸩毒猜。况怨无小大，生于所爱；物无美恶，过则为灾。与汝成言，勿留亟退，吾力犹能肆汝杯。杯再拜，道'挥之即去，招则须来'。"前期桩桩件件的控诉到最后还是抵不过那句"挥之即去，招则须来"，真是令人哭笑不得。忌也难忌，戒也难戒，酒的威力确实不小，想必稼轩到死酒也未曾戒掉。

我不大爱忌口。人生来本就追求声色饮食，若是这也忌那也忌，一切都可望而不可即，那便失掉了大半的趣味。然而出入几次医院后，终于也知道收敛了性情。我曾因为一次火锅引得病情复发，再次见到我的主治医生，医生告诫：烟酒及辛辣食物当忌。前者无所谓，非我所爱，无关痛痒。然而对于后者，则至今持保留态度。

酸甜苦辣咸本就是人生五味，须得相互调和方不失衡。医生说忌辛辣，五味少一味，吃起来总觉得不是那么一回事。且家在湖南，本就以辣著名，湖南有俗语："无辣不成宴"，没有辣的日子不是一个湖南人要过的日子。所以说这忌口不但是让我去一味，而且是去掉自幼最熟悉的那味，怎么让人受得了呢？一日不食辣，只是觉得清淡而已；两日不食辣，口中无味，心如火焚；三日不食辣，郁结已经在心，饭菜难以入喉。三日尚且如此，若当真这样一个月两个月地忌下去，迟早得香消玉殒。若当真如此，死后碑上必让人刻：此人某某年某某月某某日死于忌辣，真是生也为辣，死也为辣，是为辣痴。

所以，忌口三五日，还是得让自己破一次忌。但不可多食既是医生嘱咐，为自身着想，还是得俯首遵从。本意原作一篇"戒辣记"示于诸人，想到自己辣终不能戒，遂改为"忌口"，且告之身边亲友：以后凡在我面前，不提辛辣。鄙人心志不坚，道行尚浅，一切忌口事宜须得仰仗诸位，万望切记，切记。

2018 年 9 月 6 日于湘潭大学

说病

关于病，以往一直未曾提及，这并不是我故意要遮掩以显示自己与常人无异，只是觉得有些事没必要去和每个人解释。私以为，人不必去强求每个人都理解你的辛酸悲苦，因为人的经历各异，心境也各异。俗话说“同病相怜”，只有两个走过相似道路的人才懂得对方的苦楚，一个身心健全的人永远不会明白绝症者的惶恐与无助。因此，与你们说，你们也未必懂。

然而这里不能不提一下病兄，因为这位仁兄不离不弃陪伴鄙人十多年，人说“投桃报李”“礼尚往来”，既是十多年相濡以沫的交情，不写点东西来回赠一下，确实是说不过去。

病兄不知起源于何时，也不知为何托身于我，只知自幼时起，病兄就常陪伴左右。对此，家中成员各执一词。有说因为生活习惯，有说因为电子产品，有说因为体质孱弱，最后，还是医院平息纷争，给出了标准回复：幼时高烧，未得及时医治，病兄乘虚而入，永远地留在了身边。这个回复得到了所有人的赞同，因为幼时确实是发过烧，也确实是没有及时医治。悔恨加惭愧，使得每个人对此确信不疑。这直到不久之前，一位医生大胆地提出另一种看法，病兄这才正了名。

病兄以往被唤“角膜炎”，俗称“红眼病”，我对“红眼”这个称呼很多次表示过不满。人所谓“红眼病”，除身体外部表征以外，大多有心中见不得别人好的意思。我自爱惜羽毛，自然不愿别人这样说。从科学角度来讲，这只是由病毒感染所致，何以称“红眼病”？但这恐怕和孔乙己的那句“窃书不能算偷”是一样的理，因为它发作时确实是双眼通红，泪流满面，说“角膜炎”不能算“红眼病”，恐怕别人也会笑话。

病兄向来行踪不定，但一年之中总要过来探视几次。其中，以夏秋换季之交最为频繁。病兄来则不来，一来则非要弄得惊天动地。眼中泛红倒是小事，出门自可戴帽遮掩，但双目视物不清便是大事。有好几次期末考试之际，病兄不请自来，令人痛不欲生。但好在病兄见我意志顽强，逗留数日便会自行离去，不然，我恐怕早已自行了断。

与病兄相处这十多年，虽然痛苦，但也自有乐处。一则病兄一来，便有正当理由懒散下去。四肢尚且勤，但眼睛出了问题，一样也做不了。平日里忙忙碌碌总说要找时机给自己放假，病兄善解人意，一来，则每日躺至九十点，所有功课工作皆可抛诸脑后。二则借病兄之名，可顺理成章让自己吃好喝好。父母亲人知道此病病根在高烧但复发在饮食作息，便纷纷慷慨解囊，让吃好睡好，调养身体。如此一来，病兄光顾之后，体重有时不减反增，倒让人惊奇。三则病兄有大智慧大谋略，与病兄同处，总让人受益匪浅。以往智窦未开，总做小女儿情态，执着于眼前一花一草、小情小爱，自与病兄相处日深，诸事皆不能做，只得深思冥想。方知生死，方知情爱之上有浩渺宇宙。病兄教我看人生，看世相，看永恒与幻灭，试问世上有几人像病兄这般用心良苦？实乃我良师益友！

病兄正名是在今年暑假，一直以来让病兄蒙受不白之名，确实是我的罪过。只是自高中诊断以来，跑了不下十家医院，所有诊断皆为角膜炎。当然，其中有我的责任，医生但凡问“怎么了?”必答：“角膜炎复发”。再翻看以往病史，表面症状，或许受其影响也不一定。后来病情严重，去另一家医院就诊，医生说为“睑缘炎”。即使面对诸多铁证，那位医生也敢为此翻案，这份权威与自信令人信服，所以，我信任了她，并在暑假做了治疗手术。病兄正了名是一件大事，一来他自己终于得到了正确合理的称谓。二来，据医生讲，“睑缘炎”可以根治，与先前比，实在是大慰人心。

病兄如若听到这话，或许会怀恨嫌怨地说：“既是良师益友，为何撵我?”愚弟不敢欺瞒，病兄赤诚为我，不敢不敬，只是病兄一来，诸事不便。与病兄相处，虽有乐处，但苦楚亦不少。病兄击我不垮，想必也是心中一大痛处。既然两人都痛苦，那何必又要挤在一处？毕竟，相濡以沫，不如相忘于江湖。

2018 年 9 月于湘潭大学

生活家

查阅词典，发现关于“家”的称谓词组很多，却没有“生活家”这一条。我向来对生活家神以往之，心中藏纳诸多有关生活家的话语，既没有，那我便自造词条，自行解释，姑妄言之。

为何没有生活家这一称谓呢？大抵是组词的人觉得“生活家”不算是一个正式的称谓。一般而言，能被称为某某家，那一定是专业从事这方面，且在这方面有所建树的人。生活需要专业从事吗？好像不需要。再说有所建树，那更是鬼扯。生活是人的本能，从生下来就会，不用学也不用进步，人类社会并不因没有生活家而停滞不前。所以，这几千年来，历史上文学家、科学家、音乐家出了一大批，生活家却没出过一个。

但我以为生活家是必不可少的。世上会生活的人多，但懂生活的人却少。人庸庸碌碌一辈子不算差，但无滋无味过一辈子却不好。古人云，“食色，性也。”饮食男女，亦已成为生活的一部分，但若饮食仅仅只是为满足口腹之欲，声色仅仅只是为填补内心的那一点空虚，那生活便失掉了大半的趣味。“人莫不饮食也，鲜能知其味也。”生活家，则除饮食滋味之外，对于生活的滋味也能了悟透彻。凡生活里一切被视为美的东西，都是生活家研究探讨的对象。

从这点看，生活家和美学家有一定共通之处。生活家是基于美学之上的，一个人若连基本的审美情趣都没有，那何谈对生活的体悟？但美学家与生活家又大有不同。美学家要做学问，每日待在屋子里研究那些已有的或未有的理论，他们有诸多关于简单、抽象、空洞的学说，学说大多是枯燥而严肃的，这枯燥严肃会使一个人也肃穆庄严起来。生活家则不然，生活家游走山水，穿梭市井，他们身上有大多数平民所具有的烟火气，所以看起来总温和慈善一些。生活家大多以自身的生活经历为出发点，爱用或温和或幽默的语言教人生活——生活是怎样，以及怎样生活，这些话大多是浅而有味的。

“宁可食无肉，不可居无竹。无肉令人瘦，无竹使人俗。”苏东坡的这番话可以称得上是一位生活家的妙语，竹肉之论既简明扼要又幽默风趣，生活味十足。他的那句“人间有味是清欢”更是一位生活家才有的妙语兰言，这与现代作家汪曾祺的那句“四方食事，不过一碗人间烟火”不谋而合，但二人最终被冠以的还是文学家、小说家这样的称谓，而“生活家”则因为于社会无重大意义与贡献，被人遗漏一旁，难登大雅之堂。历代文献典籍浩如烟海，那么多的人中总有几个生活家，但称谓未定，就无从可记。

生活家大多是可爱的，他们既有学者所具备的博学多才，又有平民才有的幽默淳朴。他们的心是透明的，不关心风云政治，不关心名利前途，只对一切新鲜美好的事物充满好奇。路边的一朵花、早上吃的一顿饭，都值得他们把玩赏味。他们说出来的话不会像哲人那样高深，也不一定都带逻辑性，但都是带温度的，有人情味的。他们的兴趣遍布社会，形成一个庞大的体系，花草、鱼虫、饮食、歌舞、旅行、赌博……无所不包，并从这些新奇有趣的东西中剔繁去陋，然后把生活最本质的东西呈现给你。

我喜欢生活家，因为他们从来不会对人对生活抱有任何嫌怨。他们懂得生活，知道生活也就如此，不必把那么多的时间浪费于小悲小怨之上。比方说今天下了大雨出不去，他不会说这雨真是烦，又把人锁在空荡荡的屋子里，他会想在这屋子里还能做些什么快乐的事情来。即便是不高兴，他也只是小小嗔怪一句——这雨真是可恶，而绝不会是指天骂地空喊着让它快快停下来。生活家大多受过许多苦楚，却不会让这苦楚放大，他们会以自己的温和慈善将生活的坚冰慢慢融化，留给人看的只是一摊纯净透明的水。

那你要说，生活家不就是生活阅历丰富的人吗？不是的，有的人生活阅历丰富，却往往冷峻而严肃，生活家的气质决定了他是可亲可敬的。

2018 年 8 月 31 日于湘潭大学

讲话

曾经听过一则笑话：主人宴请宾客，时间已过而大半宾客未到，主人心中焦急，便出言，“该来的怎么还不来?”客人一听，走掉大半。主人见此情景，又出言，“不该走的怎么都走了?”余下客人听了，悉数走掉，最终一场宴席不欢而散。这就是不会讲话的后果。

讲话是一门学问。讲得好，则于各色人群中穿梭往来游刃有余，往后或可平步青云加官晋爵；讲得不好，轻则如故事中的主人，遭众人嫌怨沦为笑柄，重则任人排挤，牢狱之灾或不可免。所以说：当讲则讲，不当讲则不讲，讲之必思虑再三。

我不大讲话。一则不会讲。凡在人前准备长篇大论，必要准备底稿，及上台，见底下人头，言未出而两股战战，身如坠入冰窖，哆嗦不止。及至出声，埋头苦读，声如蚊蚋，听者无味而说者面露羞惭，不如及早下台。二则不爱讲。古语云：“病从口入，祸从口出。”若是不懂讲话的技巧，则不如不讲。未经大脑审核而脱口就出，无心者听之，以为你直率坦然值得深交，有心者听之，暗中记下，过后寻短摘错，弄不好到头参你一本，不免戚戚。

世上不大讲话的人大抵有三种。一种是哑巴，这苦于客观因素，非他所愿，暂且不提。另一种是愚者，说不出什么，就只好做。这一类人大多是老实人，喜爱做多说少，以实际成果代为言语。“言必信，行必果”，说出什么样的话就负什么样的责，老实人不说，人前则不必担重大责任，这也是老实人的一点狡猾之处。最后一种是大智者。道理既明，则无言胜有言。大多智者无言，《五灯会元·七佛·释迦牟尼佛》中有过这样一段记载——“师尊在灵山会上，拈花示众，是时众皆默然，惟迦叶尊者破颜微笑。”一个微笑足以胜过千言万语，心领神会，则不必多说。

不讲有不讲的好处。讲话的学问太深，除要精通心理学、逻辑学、社会学等必要课程之外，对于专业领域，如数学、历史学、人文学中专业术语也得略通一二，非无有志者不得成其材。况且，讲话之时，礼节亦不可疏忽，握手、祝酒、举筷，一起一落无不要合乎规范。对于生性散漫不愿拘束的人来说，犹如凌迟。再者，“言多必失，直言贾祸”，话一出口，再难收回，与其每日搜肠刮肚整理措辞，不如三缄其口，保持沉默。

但人是群体动物，既在群体中，便有讲话的欲望。心中有所怨，有所愤，有所感，总要抒发排解，不然情绪日积月累，常常有如鲠在喉之感，严重者或许因此郁结于心一病不起，带着未尽的话凄然离世。所以，该讲的时候须得讲，或是与人秉烛而谈，或是以笔代口连字成书，一吐为快。心中的情绪纾解了，整个人顿时身轻神明，大有不药而愈之感。

我时常仰慕那些口吐珠玑而为天下人言的人。既是口吐珠玑，便可称其有通今博古之才；既是为天下人言，便有悲悯众生之德。有才有德，便可称圣人。有些人爱讲话，是因为心中郁结太多，不吐不快，有些人讲话，是为在人前显耀，以满足自身虚荣夸耀之心，有些人讲话，是为求得名利权势，往上攀爬，有些人讲话则是见当时形势于心不忍，不得不讲。这些人敢言，会言，且言之不为己，是激进的君子。《孟子》一书雄辩滔滔气势恢宏，他的讲话无懈可击，但归根结底，总有一个“仁义”在其中，这一点多数人难为。世人讲话者多，而为他人讲话者少。

人要讲话，却不要只讲自己的话。表达欲过盛，众人反而嫌怨，以为你是极端的个人主义者，你纵有百般委屈也无处可诉，自己倒生出知音难求之感。自己凄凄切切倒不算差，扰得别人一同心神不宁便是你的过错。如此，还不如不讲。但凡要讲，便要心怀坦荡，不揭彼端，不扬己长，忘却自身荣辱悲辛，体恤他人。但这点，恐怕只有端坐在庙中沉默不语的菩萨才能做到。

2018年8月29日于湘潭大学

土豆

土豆这东西长得不是很好看，味道也一般般。一般人请下馆子绝不会说，“哎，我听说某某某的土豆不错，我们去吃吧”，这样的请客是会被嘲笑的。为什么呢？因为土豆太“贱”了。“尔才不长，尔貌不扬”，浑身上下没点有用的东西。

但我还是要写土豆，为什么？还是因为它“贱”，随你怎么写，它忍忍气吞吞声也就过去了。不像别的金贵的东西，一旦哪里写得不好，它们就横起眉竖起眼，劈头盖脸一顿骂。柿子还得挑软的捏，土豆对此不敢发表意见，那就姑且写写吧。

土豆有很多个别名，广东叫“薯仔”，山西叫“山药蛋”，西北、两湖称“洋芋”，福建谓“荷兰薯”……至北京，方言俗称“土豆”，算是这里面最中国式的称呼。但是通过前面几种叫法，你大致也能猜出点来，“土豆”并不“土生土长”，它是个“外来户”。

中国传统的粮食作物是什么？五谷。稻、黍、稷、麦、菽，这五位算是中国粮食界响当当的“人物”，典籍撰录多得是。而土豆呢，唔，大概是《奉节县志》里面提到过吧：“苞谷（玉米）、洋芋（马铃薯）、红薯三种古书不载。乾嘉以来，渐产此物……农民之食，全恃此矣”。厚此薄彼，也是有一定道理，总得要讲个先来后到，先主后宾。

这并不是我戴着有色眼镜刻意歧视它是个外来物种，相反，我非常中意这个“外来户”。为什么呢？因为它土。

光看它出生就知道了，人家都是昂着头觑着眼审视着这世界，它倒好，非但不敢瞧别人，连别人瞧它都不让。它把头深深地埋在红土地里，扔下一句：你要瞧我，好哇，爱我有多深，就挖多深吧。等挖出来，呵，浑愣愣一泥小子。圆不圆，方不方，曲不曲，直不直，一点看头都没有。

而且它还那么地“贱”——“三月种，五月熟；取子再种，七月又熟；又种，九月又熟”，一年三熟，频率不消说，连产量都可达亩产两三千斤。这种效率放到市场上，那就成了“贱”。鸡蛋大小的两三毛钱个，手掌大小的七八毛钱个，再大也不过一两块钱了。一顿土豆吃下来，最多也不超过十块。

虽然它这么“贱”，但却实实在在能果腹。记得小时候，一两个烤土豆就抵得上一顿白米饭，能省下不少粮食。而且，它不仅能当饭吃，作为菜也有一席之地。

煎、炸、炖、炒、煮，每一种方法都能翻出新花样来。我印象中最深的应当是酸辣土豆丝和土豆片儿汤。酸辣土豆丝讲究酸溜爽口，很多人就在炒的时候往里加醋。其实，这样做出来酸是有了，但离爽口那还差得远。真正的酸辣土豆丝是要在切好后放在醋水里浸泡后再下锅的，这样做出来才硬挺，不至于软趴趴的像是土豆泥。至如土豆片儿汤，那更简单。切片做汤，油、盐、葱一搁，泡上点饭就好了。虽然清淡，但在清淡间反而更能尝出土豆的清香，更显原味。

土豆通常只在家里餐桌上出现，而且只在寻常的时候出现。至如真正到了春节、端午、中秋，要招待客人，那绝对是摆不上桌的，这么土贱土贱的东西，主人也不好意思拿出来，总得要给自己留点面子吧。在一些馆子里，它往往也只是作为配菜出现，而主菜通常是那些鱼、羊、鹅等金贵的东西，撒上葱、姜、蒜、酱等等，调味品都得占上一半左右。

你看别人请吃饭，通常都是“我听说某某的红烧狮子头好吃”“某某的松鼠鳜鱼好”“某某的鹅掌有名”，而绝不会是说“某某的土豆好”。那为什么一些人还爱吃土豆呢？因为它贱啊，能入寻常百姓家。饥荒年代靠的不就是它？只是后来大家都不寻常了，想要吃点“金贵”的，反而不太看得起这泥小子罢了。

而看另一面，有些菜虽然披着“金贵”的外衣，坐在高台上供人瞻仰着，却往往摆出一副睥睨天下的姿态，仿佛在说，“我这金贵着呢，你们这些俗人懂什么？”这种菜往往最可恨，还不如土里土气的土豆好。

2018 年 3 月 9 日于湘潭大学

老头儿

老头儿原本不叫老头儿，这是当地人的叫法。简单、直白，大众。可老头儿说他就喜欢别人这样叫他，“简单，平凡，再合适不过。”

老头儿今年已经90多岁了，可活得还跟个孩童似的，东张张、西望望，对一切新鲜事物感到好奇。他最喜欢养花种草，房间里、院落里堆满了大大小小的盆子罐子。大叶菊肥而厚，山丹丹红而艳，秋葵薄而弱，无论什么时候，他家里总是一片青葱可爱的模样。他还喜欢美食，事实上，老头儿还是个不折不扣的美食家。

说起美食，老头儿能跟你谈上整整一天。举个例子，你要是和他谈豆腐，他可以从《诗经》里的“中原有菽，小民采之”谈起，到西汉淮南王刘安的“点石膏成豆腐”再到西太后的“金镶白玉板”，引经据典，毫不含糊。他还会自己做美食，油条切小段，内层掏空，往里头塞肉茸、葱花、榨菜末，再放回锅里重新炸。这样的做法也亏得只有他才想得出来，至于效果，据说非常好。这不是我的片面之词，这是经过多位专家亲自鉴定过的。

老头儿还会画画。画栀子，叶肥花浓。画螃蟹，钳大体宽，有模有样。来老头儿家里求画的人很多，往往都是些文化人。他们总是在兜里揣几张钞票几块银元，等开口的时候掏出来，惴惴不安地问，“先生（外面的人总是喜欢叫他先生），能给我画几张某某的像吗？”老头儿“嗐”了一声，立即就画上了，一边画还一边说，“我老头儿作画是不要钱的，你要画什么，只管来问我，不兴这东西。”等画完，二人又和和气气聊了起来。

老头儿很健谈，他什么都知道。说医，他知道犀角、小柴胡汤、七厘散；说戏，他能举出一连串戏行里的大人物，陈德霖、梅艳芳、尚小云……包括他们的一些经典曲目，他都如数家珍，兴致高的时候，还能即兴来几段京剧昆曲，一顿一昂首，韵味十足；就连赌，他都能给你说出个幺点九点天地杠出来。这世上仿佛没有什么是他不知道的，他俨然成了名生活家。

因为这些，老头儿在外头很受人尊敬，他是个鼎鼎有名的文化人。他写散文、写小说，写他看到的有趣的好玩的世界。他每日都要提个篮子去菜市场转转，这儿挑挑，那儿捡捡，心里琢磨着哪个要焯，哪个要炒，哪个又要涮，老头儿是很爱这种热闹的。

这还是和老头儿的生平际遇有关。老头儿经历过“文革”，他比常人更懂得活着的乐趣。他总爱给自己找乐子，养花、种草、做美食、画画、散步……在他的眼里，生活就是这么好玩。他平静得像一湖水，偶尔泛动起涟漪，却绝不掀起轩然大波。他当然也有过年轻气盛的时候，他也曾披露过对那个社会的不满，也曾用尖酸刻薄的语言讽刺过某个不作为的干部，但是现在，他全然沉下来了，像一波古潭。

“人生七十古来稀”，更何况他现在还是个耄耋之年？活到了这个岁数，无疑是上天对他的眷顾。他这一生经历过许多轰轰烈烈的大事，战争、文革、改革开放……这些大事件也就像是一盘大杂烩，酸的苦的甜的辣的统统都被他吃进了肚里，转而化作了生活的智慧。

他还是喜欢别人叫他老头儿，简单，直白。就像这生活，简单，平凡，却受万千人钟爱。

2017年7月6日于湘潭大学

问渠

千百年来，这样一条水渠是怎样的一种存在呢？

无怪乎世人不记得它，和长城比，它太小家子气：同样是秦始皇为一统天下而修筑的工程，长城浩浩荡荡奔驰万余里，横越山野，俯瞰荒漠，人只要站在那里，历史的沧桑厚重感自会随着山间的风呼啸而来。而灵渠，斜倚在岭南温柔的臂弯里，早没了那广阔的胸襟与抱负。它是温润的，气质与涵养都隐于内里，你若不主动去接近，根本无法窥知它本来的面目。

来灵渠之前，只知道它是一项水利工程，而这工程还远不及都江堰那般闻名。都江堰因为李冰父子而成了一个奇迹，以后世人只要谈起水利工程总是会首先想到它，哪会记得几百年后秦王朝在纵横捭阖间开凿的这条小运河？况且，即便是你看到了它，也很难把它和秦始皇联系在一起。秦始皇是那样一个有着宏图伟志的人，他的形象只合让那辽远壮阔的万里长城来做衬托，灵渠实在是太秀气了，你怎么也无法想象这样秀气的灵渠竟也出自秦皇之手。

河水在铧嘴分成了两道，一由南渠而合于漓，一由北渠而归于湘。湘漓二水就此别过，各自往前行进。从秦堤一路下来，两旁是参天的古木，灵渠夹在古木之间，显出一种古朴的宁静来。河水是无声的，偶尔有往来的船只经过，竹篙便在碧水间划开一道白色的波纹，带起一阵轻微的水响。再往上就是水街。水街不像街，因为它既没有林立的商铺，也没有恢宏大气的建筑物，只是在沿河建着一些小桥和人家。时近黄昏，有妇人端了木盆来河边浣洗衣物，亚麻布料搓在石板上的声音清晰可闻。由水街一路往前，随处可见小孩蹲在河岸上摸鱼虾，老人坐在桥头亭间谈天的场景，俨然一幅极富江南气息的生活画卷。这不禁使人讶然，这是景区吗？那些沿街的吆喝声呢？那些红底白字的条幅呢？那些络绎不绝的车马呢？这里只有小桥流水和人家，而那些关于繁华关于喧嚣的一切仿佛都沉入了这一池碧水之中，连带着过往纷繁复杂的历史也都沉寂了下去。

这是史禄怎么都料想不到的吧。公元前214年，史禄奉命在兴安县开凿运河，以运输粮饷，早日实现秦皇一统天下的抱负。时隔数千年，灵渠经过几次修缮，已然从当年的军事运河变成了如今的生活运河，若不是有些古迹还残存着“秦”的标志，恐怕后来者都想不起来这是秦时就已疏通的河道。时间冲淡了历史，也冲淡了隐藏在历史身后的那些幽微的光芒。这是幸抑或是不幸呢？

历史往往是这样。人们记住了辽远壮阔的万里长城，却很少知道和它一同出生的灵渠；人们记住了修筑长城抵御匈奴的蒙恬，却不知同时期还有个名叫史禄的官员在兴安县开凿了这样一条运河。在灿若星辰的历史长河中，还有多少这样的灵渠模糊了原貌？又有多少这样的史禄被人们遗忘？历史从来就是不公的，它没有足够的耐心把所有的人和事都一一记录在案，唯有那些最为惊天动地的人和事才会以最坚韧的姿态屹立于后人心中，虽万年而不倒。

但灵渠又是幸运的，至少它还有残存的古迹供后人瞻仰辨识。史禄也是幸运的，因为灵渠在，他就在。他的名字将永远和灵渠绑缚在一起，出现在后人面前。可是我们呢？同天地相比，生命渺小如米粒，寿命须臾如蜉蝣，一刹那的光景，也不过是驹中隙，石中火，梦中身。

千千万万年之后，我们是否还能残存着可供后人辨认的遗迹？我们又将以何种姿态来证实自己的存在？

灵渠无声，历史无声，唯亘古不变的天地日月见证如斯，周转如常。

2017 年 10 月于湘潭大学

文竹

第一次知道文竹这种植物，是在贾平凹先生的一篇散文里。初见到这两个字，便觉得它清新雅致，颇有君子的风范，于是脑海中不自觉浮现出几杆疏竹一袭青衫的景象，心中对它的渴慕也愈发深切起来。

今年暑假和姐姐去花市，我终于见到了文竹，也终于明白先生全篇里为何只用“她”而不用“他”或是“它”。

文竹实在是太秀气了，出落得竟像一个十四五岁的少女。那纤细的腰肢袅袅婷婷，仿佛只需一阵风就能吹折了去。它的叶极细极细，像袖珍版的松针，却又比松针柔嫩许多。它们五六杆紧挨在一起，由根部逐渐向上分散开去，各撑开一片小小的绿荫，惹人爱怜。但我终究有些失望，这样柔弱的文竹哪里有君子的风骨？透过它纤巧的身影，我仿佛看到那一袭青衫离我越来越远，心中不由生出落寞之感。

“喜欢？”姐姐在一旁问。我点了点头，又摇了摇头。“喜欢就买了吧，到时错过了可就再也没了。”我终究还是选择了它，它的清雅令我无法抗拒。

我将它置于我的案前，也想像先生那样让它融入我的文字，带给我文章以别样的清韵。月光是融融的，从窗棂间偷潜进来，流泻在它翠绿的叶上。月下的文竹愈发显得清雅，像是褪去了白日里的纤柔，只澄澈清明地站在我眼前。手指触碰到它的时候，叶是嫩嫩的，灌满了柔软的浆汁，而那节杆竟是坚硬无比！那是一种从骨子里透出来的坚硬，根本不容你去亵渎。你若真要揩折逗弄，它便从中折断，来一个香消玉殒。

我有些震惊。我从未想过如此纤柔的文竹竟还有这样刚强的气魄。它那细瘦的身影，仿佛就像古代某个时期的少女。她婷婷袅袅站在我面前，眼中迸发出坚毅的光芒。在那个一个动荡的时代，多少文人选择了避世求生，而她，作为秦淮八艳之一，只一个拥有才貌的小女子，却敢于直面抗争。纵议天下兴亡、倾助抗清义军，在清军兵临城下时，敢于投水殉国。"隐隐河东柳，迎酬尽党人。序题戊寅草，帐设绛云茵。殉国艰于死，悬棺矢不臣。皇皇多列士，侠骨让红唇。"河东君柳如是，那样的才情、那样的风骨，她不就是那个时代的一株文竹吗？

我开始敬慕起这株文竹。谁知道在她纤柔的外表下隐藏着多少刚强与不屈？她是有少女的情态，但更有君子的风骨！先生说她是一首诗，然而她岂止是一首诗呀！她有诗的唯美，也有散文的清韵，更有骈赋议论体的浑厚与大气！

可是，令我痛心的是，我的那株可爱、可敬的文竹如今已濒临死亡。她的叶开始变得干枯瘦黄，竟没有半点之前楚楚动人的姿态！我懊恼于自己平日的疏忽，但如今也只能束手无策。倘使著文可以减轻我的一点罪过那便好了。之后，就不再养文竹了吧，终究，文竹不与我相亲。

2016年9月6日于湘潭大学

西楼话秋雨

深圳的雨，下得总是不够绵长。往往只是一霎的功夫，转瞬又云开雨霁。今早起床的时候，听得外面叮叮咚咚的声响，便赶忙推开窗，“果然是细雨。”我心下一阵惊喜，便趴在窗台上赏起雨来。

是的，花可以赏，月可以赏，雨同样也可以赏。赏雨最好是在春秋季节。夏季的雨太过暴躁，冬季的雨太过寒冽，唯有春秋季节，不寒不躁，不疏不猛，恰到好处。而春秋中，我最喜欢的还是秋雨。春太过娇媚，委身于雨实在令人疼惜。只有秋，是完完全全属于雨的，秋的萧索、寒寂正是要迎候着秋雨。

风还是那样吹着，裹挟了几片叶在空中翻飞。远天阴沉，像坐在桌案前愁眉紧锁的诗人，肃穆着，沉思着该怎样落下那深沉的一笔。山影苍苍，树影苍苍，雨便赶过来了。落在叶间，便有沙沙的弥音；打在瓦檐，便是叮叮咚咚的清响，每一声都扣人心弦。待到雨丝漫布，一切便都在雨中静默了。

赏雨，还是须得登到高处。若是在外，可以上到高楼、亭中，既是避雨，也是赏雨。避雨的当然不止你一人，说不定，一场美丽的邂逅就在雨中成全了。古往今来，多少才子佳人的故事就是这样发生的。一场雨，一方手帕，便促就了一段姻缘，你是得多感谢这场雨啊！

然而若是因为这雨被困在了家中，你也无须恼怒。你大可以辟一个角落，搭一架竹床，倚着窗静静观赏秋雨。天寒的时候，还可以架一个小火炉，煮上一盏清茗。窗外的雨如蛛网般密密斜织在千家瓦檐上，时而几家炊烟升起，在雨中缭绕，极像这炉火上的青烟。雨要慢慢赏，茶要细细品。抿一小口茶，赏一小片雨景。赏一小片雨景，抿一小口茶。一盏茶的时间，雨可能就住了。

“一场秋雨一场寒。”雨后的天气，寒凉是一定会有的。不过，你大可以着一件风衣去林间漫步。林间寂寂，时而几滴枝叶上残留的雨水顺着叶的脉络“叮”的一声滴落，在地面上溅碎开来，渗入泥土中。干涸了一夏的泥土突然间有了雨水的滋润，便饱满起来，重新显露出深红的色彩。往来的行人不多，你不必担心因为雨滴落在发上额间而使你的狼狈落入别人眼底，因为雨后，绿叶闪烁，雨滴轻响，你行走在林间，就已是一道风景。

幼时读宋词曾读到韦庄的一句，“春水碧于天，画船听雨眠。”那时，心里满是欢喜，心里、眼里都是那幅绝美的江南画卷。现在想想，闲时若在窗前赏一方秋雨，也是极好的。

2016 年 8 月 12 日于深圳

途遇芒花

车过涟源，混沌的思绪终于从睡梦中醒来。猛地拉开帘子，一抬眼，迎面而来的是漫山遍野的芒花。

晴空上，一朵朵大而实的白云如动画里的一般被镶定在浅蓝色的天幕上。蓝天下，是一座座连绵起伏的低矮的山丘。那硕大的轮廓被一片绿色覆盖着，郁郁苍苍。

单调，始终是单调了些。然而，在那山坡上垂着首的，迎风舞动的芒花却不偏不倚添了这青山明艳的一笔！

浪漫！这才是极致的浪漫！假使此刻我已在窗外，我定要爬上那绿草芒花环绕的山坡！你甚至可以想象，当你把身子埋入青草中，鼻间萦绕着的全是青草混着泥土的淡淡的气息。你躺在绿色的草丛里，身边是一束一束的芒花。微风轻拂，芒花那或淡黄或浅褐的穗子时而拂上你的脸颊，惹得你一阵酥痒嬉笑。你抬眼，眼中全是一片蓝白交映的景象……

疾速行过的列车打断了我的思绪，屋舍、山水也在不停地流转，可是那芒花，却始终陪伴了一路。或是在山间，或是在路旁，或是在低洼的泥沼之中，它们垂着首，静静地迎候着一趟又一趟列车。芒花呀芒花，你是知晓我旅途太过孤单，所以才会伴我一路吗？你是怕我迷失了家的方向，所以才要在冥冥中指引一番吗？

恍惚间，我想起了那个漫长的夏天，那片长满芒草的山坡和那个怀抱一束芒花的老人。那一片芒花，曾伴我度过那样一个孤寂而又漫长的夏天。而那个老人，却已在长长的山道上没了踪影，只留下这一片芒花伴我，指引我。

蓦然间想起林清玄在一篇写菅芒的文章里说菅芒如约而至，而看花人却已面目全非。如今，我又何尝不是这样呢？哥哥姐姐离了家，外婆外公去了遥远的天国，茅屋颓败了，李树枯死在路旁，时间如流水一般冲刷了一切，而芒花却丝毫未察觉，如约盛放着。“在我们的世界里，到底变是正常的，或者不变是正常的？”若干年后，我们也将老去，佝偻的背影、苍老的容颜，含糊不清的话语……如今看起来似乎遥不可及的景象在未来我们也会一一经历，而那些我们所珍爱的视为生命的也必将逐渐离去。这是变，抑或是不变呢？

先生说，“深深去认识生命里的‘常’与‘变’，并因而生起悯恕之心，对生命的恒常有祝福之念，对生命的变化有宽容之心。”只是如今，我仍旧做不到释怀。

每次做梦梦到以往的事物，都会怔忡好久。然后醒来，默默数着梦中出现过的那些人哪些已故，哪些健在，哪些断了联系，有时甚至分不清梦境与现实哪一个是实，哪一个是虚……佛经上说“由爱故生忧，由爱故生怖。若离于爱者，无忧亦无怖。”只是这世界上千千万万的人，哪一个能真正做到无爱呢？即使是无欲无求的佛陀，也有一颗普度众生慈悲世人的心。每一个孤身在外的漂泊者在看到与记忆中类似的事物时，总免不了要唏嘘感叹一番。而那些事物，承载的便是超越时空与地域的感怀。

列车仍在前行，只是赏花的兴致早已湮没无几。今夜，谁还会抱一束芒花，入我梦来？

2016年10月于火车上

后　记

从一八年十月开始到如今，跨越两个春冬季节，这一难产的“婴儿”终于顺利诞下。付梓之余，不免想起这一路来的磕磕绊绊与温暖感动。

这一书原本是为填补大四期间的空白而作，因为彼时刚从医院做完手术出来，对于未来完全失去方向，故而只想用此书献礼毕业季，以不让大四时光虚度。后来在学姐的鼓励下，又凭借着一股冲劲考了研，所幸再度被母校接纳，故而大四的生活最终也不算太过荒芜，而出书的事情也就得以暂缓。

关于此书，其实有一群我应该致谢的人，首要的是我的朋友与亲人。不仅是在写作这本书上，更在我最艰难的时刻予我以甘霖。我在医院写：“多谢春风曾共我，高歌长啸亦平生”是对这群朋友的由衷感谢。如今我的生命充满阳光，正是有这群朋友的陪伴。

感谢何云波老师的关心与鼓励。在此之前，我与何老师素未谋面，我亦是以一个数院学子的身份来到何老师面前，而何老师既无门户之别，对于我这个小生亦有诸多宽容，使我这个“门外汉”大受感动。感谢舒新宇老师多年来的关心与帮助，舒老师是我的同乡，同样也是我文学之路的引路人，更是我慈爱亲切的“大家长”，每次得舒老师鼓励，都使我信心大增。感谢蒋海文老师的指导，这一书中的一些不当与错漏有赖于蒋老师的点拨，蒋老师的严格给我留下了很深的印象，但蒋老师关于散文诗的漫谈亦使我觉得可敬。感谢赵猛书记，每次我在此书上寻求帮助，赵书记总是不厌其烦地帮我咨询联络，使我安心。感谢刘建平校长与齐绍平部长，本着“初生牛犊不怕虎”的冲劲儿，前期的工作一次一次麻烦他们，那时自己全凭着一股理想主义，而刘建平校长与齐绍平部长在很大程度上给我这理想护了航。感谢张俐明老师与王成奇老师，不止是在这一本书的出版之路上陪我奔走，更在校报的四年给我许多关爱与指导。感谢所有协助此书出版的部门与单位，因为有你们的支持，让我觉得自己不是在孤军作战。

当然，最要感谢的是湘大。在湘大，数学院给了我最开始的家，旋梯诗社予我以灵魂栖息之所，校报使我长成为自己喜爱的模样，文新院使我的文学梦得以继续抽枝发芽，图书馆使我窥见“悦读”的另一番模样，在湘大的时光，是我最快乐、也最充实的时光，回首在湘大的过往，湘大已然成为我的第二故乡。

“人间存一角，聊放侧枝花”，人生之路漫漫，唯爱使我们坚定、从容，不疾不徐地往前行走。这本书只是一次旅途的见证，而未来，无论崎岖平坦与否，我亦是伴着欢歌而行，因为过往的那些温暖与感动，我记得。

严曼华

2020 年 7 月 6 日于湘潭大学

图书在版编目（CIP）数据

唯有乡如故 / 严曼华著 . -- 湘潭 ： 湘潭大学出版社，2021.9
ISBN 978-7-5687-0611-7

Ⅰ．①唯… Ⅱ．①严… Ⅲ．①散文集一中国一当代 Ⅳ．① I267

中国版本图书馆 CIP 数据核字（2021）第 166939 号

唯有乡如故

WEI YOU XIANG RU GU

严曼华 著

责任编辑：尹筝筝
封面设计：李 平
出版发行：湘潭大学出版社
社 址：湖南省湘潭大学工程训练大楼
电 话：0731-58298960 0731-58298966（传真）
邮 编：411105
网 址：http://press.xtu.edu.cn/
印 刷：广东虎彩云印刷有限公司
经 销：湖南省新华书店
开 本：710 mm×1000 mm 1/16
印 张：15.75
字 数：198 千字
版 次：2021 年 9 月第 1 版
印 次：2021 年 9 月第 1 次印刷
书 号：ISBN 978-7-5687-0611-7
定 价：39.00 元